ESQUISSES

DE

MORALE ET DE SOCIOLOGIE

PAR

Eugène LEROY

Professeur de l'Université

> « Il n'y a rien d'absolu ni d'arrêté dans la morale. Elle exprime seulement à un moment donné l'état de la conscience humaine et son degré de culture. Elle non plus ne saurait échapper à la loi universelle du progrès. »
>
> (Mme ACKERMANN)

PARIS

HENRY PAULIN & Cie, ÉDITEURS

21, RUE HAUTEFEUILLE, 21

ESQUISSES

DE

MORALE ET DE SOCIOLOGIE

ESQUISSES

DE

MORALE ET DE SOCIOLOGIE

PAR

Eugène LEROY

Professeur de l'Université

> « Il n'y a rien d'absolu ni d'arrêté dans
> la morale. Elle exprime seulement à un
> moment donné l'état de la conscience hu-
> maine et son degré de culture. Elle non
> plus ne saurait échapper à la loi univer-
> selle du progrès. »
>
> (Mᵐᵉ ACKERMANN)

PARIS

HENRY PAULIN & Cⁱᵉ, ÉDITEURS

21, RUE HAUTEFEUILLE, 21

—

Tous droits réservés

—

1909

PRÉFACE

Ceci, à proprement parler, n'est pas un livre.
On ne trouvera dans ces quelques pages, ni déve-
loppements copieux, ni transitions savantes. Ce ne
sont guère que des *indications*, des *suggestions*, or-
données par rapport à une idée générale, — qui n'a
rien de préconçu, — et coordonnées entres elles.

Leur *objet* ? — Faire connaître, dans leurs grandes lignes, les graves problèmes sociaux d'où sont
sorties les lois d'hier, d'où sortiront les lois de
demain.

Leur *esprit* ? — Exposer en toute sincérité, en
toute indépendance, les questions essentielles auxquelles on ne peut manquer de s'intéresser dès
qu'on a l'âge d'y réfléchir ; mentionner les con-
troverses qu'elles soulèvent ; noter les arguments
contradictoires ; et, quand un choix s'impose, mettre autant d'empressement à choisir, qu'on mettra
par ailleurs de circonspection à juger, en l'absence de preuves suffisantes ou de témoignages
décisifs.

La *méthode* ? — Partir de la connaissance des êtres et des faits pour déterminer, *rationnellement* la loi supérieure de l'activité humaine ; donner, décidément, le pas à l'observation et faire de la morale une sorte de généralisation de l'expérience combinée avec la raison.

Chaque plan de leçon est suivi de *lectures*. Ces lectures sont presque toutes extraites d'auteurs contemporains. Elles offrent ainsi le double avantage :

1o De familiariser les élèves avec les œuvres qu'ils connaissent généralement le moins ;

2o De donner, à l'appui d'une thèse, une opinion bien plus précieuse, bien plus convaincante surtout, que ne sauraient l'être, dans l'espèce, les témoignages, si souvent invoqués, de Xénophon ou de Platon. A quoi bon, en effet, s'évertuer à prouver que la morale change avec les milieux et avec les temps, si l'on croit ne devoir rien avancer que sur l'autorité des Grecs d'avant notre ère ?

Pour moderniser l'enseignement moral je n'ai pas hésité à recourir aux revues, voire même aux journaux : articles de fond et faits divers ont été mis à contribution, grâce à l'obligeance avec laquelle les directeurs des périodiques et quotidiens les plus opposés de tendances m'ont permis de glaner dans le champ de leurs informations et de leurs recherches. Je les en remercie. J'adresse également l'expression de ma vive gratitude, à ceux qui, à un titre quelconque, ont collaboré à la confection de ce recueil et contribueront à le faire connaître.

E. L.

ESQUISSES

DE

MORALE ET DE SOCIOLOGIE

CHAPITRE PREMIER

LA MORALE DISTINCTE DE L'ESTHÉTIQUE

Avant d'examiner la nature d'un champ, on défriche, on délimite. Sans doute, c'est une coutume plutôt qu'une opération essentielle. Cette coutume a du moins ceci d'avantageux qu'elle permet de distinguer immédiatement la terre à faire valoir des propriétés riveraines et n'expose pas son possesseur à « se donner des soins pour le plaisir d'autrui ». Avant d'examiner la morale, avant de l'étudier en elle-même et de montrer quels avantages sociaux elle peut produire, grâce aux soins diligents des individus, séparons-la nettement de ce qui n'est pas elle.

On a contesté longtemps son originalité. Des

philosophes, plus préoccupés de synthèses spéculatives que d'études précises et pratiques, ont cru pouvoir la dériver du beau. La morale est-elle donc une province de l'esthétique ? *Tout ce qui est beau est-il bien par surcroît ?* Non.

1º Un tableau, une statue, une ode, une symphonie, produisent une impression d'où résulte un plaisir ; mais, à supposer même que ce plaisir se double d'une satisfaction d'ordre intellectuel (panorama, groupe, développement d'une idée ou d'un thème), cette satisfaction est moralement indifférente.

2º Le bien et le beau sont si loin de se confondre, qu'ils s'opposent journellement à l'état d'antithèses vivantes et suscitent dans notre âme, comme motifs et mobiles, de douloureux conflits (A. B. C.). (1).

3º La moralité n'est pas un autre aspect de la beauté ; aussi les romantiques ont-ils pu soutenir, avec autant de raison que de verve, la doctrine de « l'art pour l'art », qui rend toutes les conceptions également acceptables au regard de la conscience et n'admet d'autre critérium du beau que le maximum d'intérêt produit (D).

4º Sans compter que chacun prend son plaisir

---

(1) Les lettres capitales du contexte reportent aux lectures qui suivent chaque chapitre.

où il le trouve, tandis que chacun ne fait pas moralement ce qu'il veut ; la morale vit de règle et la prétendue règle du « bon plaisir ». n'en est pas une ; au contraire, l'art vit de fantaisie, d'originalité : or, singularité, individualisme sont la négation même de toute morale.

LECTURES

A. — *Le sens de la beauté et le devoir social*

(Pétrone à Vinicius)... « Eh bien ! mon bienheureux époux de la princesse Aurore, votre doctrine (la doctrine chrétienne) n'est pas faite pour moi. Ainsi il me faudrait aimer mes porteurs bithyniens, mes étuvistes égyptiens, — il me faudrait aimer Barbe d'Airain (Néron), et Tigellin ? Par les Grâces aux blancs genoux, je te jure que, même si je le voulais, j'en serais incapable. » Il existe à Rome au moins 100.000 individus aux omoplates de travers, aux genoux gorgés, aux mollets desséchés, aux yeux tout ronds ou à la tête trop grosse. Me commandes-tu de les aimer également ?... Si votre Dieu prétend me les faire aimer tous, que ne les a-t-il, en sa toute-puissance, dotés d'un extérieur plus avantageux, les créant par exemple, à l'image des Niobides que tu as vus au Palatin ?... Mes yeux se délecteront toujours à la vue des roses et l'odeur des violettes me sera toujours infiniment plus agréable que l'odeur de mon malpropre « prochain » de Suburre. »

Henry SIENKIEWICZ : Quo Vadis.
E. Fasquelle, éditeur.

B. — *Le sens de la beauté et la conscience du devoir familial.*

(Le sculpteur Lucio Settala à Cosimo Dalbo):.. « On aurait dû me laisser mourir. Si moi, qui étais ivre de vie, si moi, qui étais frénétique de force et d'orgueil, si j'ai eu, moi, la volonté de mourir, il faut que j'aie reconnu là une nécessité inéluctable... Je serais sauvé, peut-être, si j'avais oublié mon art. Certains jours, là, sur ma couche, en regardant mes mains affaiblies, il me semblait incroyable que je pusse créer encore ; il me semblait que j'avais perdu toute ma vertu première. Je me sentais complètement étranger à ce monde de formes où j'ai vécu et je pensais : « Lucio Settala, le statuaire, est trépassé ! »... Ainsi tu crois que la lumière doit me venir de la bonté et non pas de cet instinct profond qui tourne et précipite mon esprit vers les plus superbes apparitions de la vie ? Je suis né, moi, pour faire des statues... Le jeu de l'illusion m'a uni à une créature qui ne m'était pas destinée. C'est une âme d'un prix inestimable, devant laquelle je me prosterne et j'adore. Mais je ne sculpte pas les âmes... »

Gabriele d'ANNUNZIO : La Giocunda (Acte II, sc. I),
Calmann-Lévy, éditeurs.

C. — *Le sens de la beauté et la conscience du devoir religieux.*

(L'abbé Daniel à Mgr. Amette):.. « Aristocrate d'émotions religieuses, rêveur de cathédrale et poète de chapelle, j'ai le culte enraciné de la beauté, des formes d'art... Pour que je daigne bien prier Dieu, il faut qu'il soit crucifié dans un heureux mouvement au fond de quelque tragique retable du XVe siècle ; les vols d'hirondelles font partie de mon goût des clochers et, en admirant la splendeur du vitrail, j'oublie la décollation du martyr. La voix des orgues m'amollit, les chants liturgiques me distraient de leurs sévères paroles latines, l'encens m'est un parfum profane, enfin, les exaltations de mon âme sont toujours fièvreuses, exemptes de gratitude et de sérénité. J'aime Dieu païennement ! »

Henri LAVEDAN : *Le Duel* (Acte. I, sc. V).
Ollendorff, Editeur.

D. — *La réalisation du beau indépendante du bien.*

« Cette grande affectation de morale qui règne maintenant, serait fort risible, si elle n'était fort ennuyeuse. Chaque feuilleton devient une chaire ; chaque journaliste, un prédicateur ; il n'y manque que la tonsure et le petit collet. Le temps est à la pluie et à l'homélie... On parle de la sainteté de l'Art, de la haute mission de l'artiste, de la poésie du catholicisme, de M. de Lamennais ; des peintres de l'école angélique, du Concile de Trente, de l'humanité progressive et de mille autres belles choses !:.. Nous ne concevons guère à quoi tendent toutes ces criailleries, à quoi bon toutes ces colères et tous ces abois, et qui pousse Messieurs les Geoffroy au petit pied, à se faire les don Quichotte de la morale et, vrais sergents de ville littéraires, à empoigner et à bâtonner, au nom de la vertu, toute idée qui se promène dans un livre, la cornette posée de travers ou la jupe troussée un peu haut ».

Théophile GAUTIER : *Mademoiselle de Maupin* (préface).
E. Fasquelle, éditeur.

Inversement, des œuvres très édifiantes peuvent être esthétiquement indifférentes. Que l'on songe aux romans publiés sous le pseudonyme Lucie Herpin, en manière de protestation contre l'école naturaliste.

A cette conception se rattache la théorie de Tolstoï. Pour lui l'art exprime sous une forme concrète les sentiments de solidarité et d'amour fraternel qui existent virtuellement dans toute âme humaine. Il les dégage par sa puissance émotive et les propage par sa force de sympathie. Provoquer la *contagion d'art* en vue de l'action moralisatrice qu'elle exerce tel doit être l'idéal de l'artiste. Son individualité doit disparaître ; son tempérament ne doit avoir d'influence que sur le mode d'objectivation de l'idée ; ses préférences personnelles ne doivent se manifester que dans le choix de la forme. Invariable en son fond, l'œuvre d'art s'inspirera toujours du souci d'améliorer les individus en leur rendant sensibles les quelques idées maîtresses dont dépendent le progrès et le bonheur de l'humanité. « La propriété essentielle de l'Art est d'unir les hommes entre eux... Son but doit être de transmettre d'homme à homme les sentiments les plus hauts et les meilleurs de l'âme humaine... C'est un des instruments de progrès, c'est-à-dire de la marche en avant de l'humanité vers le bonheur... L'Art diffère des autres formes de l'activité mentale en ce qu'il peut agir sur les hommes indépendamment de leur état de développement et d'éducation. Et l'objet de l'Art est, par essence, de faire sentir et comprendre des choses qui, sous la forme d'un argument intellectuel, resteraient inaccessibles ». (Cf. Tolstoï « Qu'est-ce que l'Art »).

Tout en faisant des réserves sur « l'art socialiste », et le genre sermonnaire, excellents moyens de vulgarisation, formes d'art inférieures, gardons-nous de conclure de *l'amoralité* de l'Art à l'immoralité de parti-pris comme firent certains romantiques en haine du « bourgeois ».

« Ce qu'effectivement on ne pourra jamais faire, quelles que soient les qualités intrinsèques des mots, — qualités très réelles : de nombre et de pittoresque, de couleur et de sonorité, — c'est qu'ils cessent absolument de représenter des idées, et les idées à leur tour d'être ou de devenir des principes ou des mobiles d'action. Ce que l'on ne fera jamais non plus, c'est que, comme nos actions, nos paroles ne s'étendent et, pour ainsi parler, ne se prolongent bien au-delà d'elles-mêmes et de nous en ondulations de conséquences presque infinies ».

Ferdinand BRUNETIÈRE :
L'Evolution de la poésie lyrique au XIX siècle.*
Hachette et C^i* Editeurs.

CHAPITRE II

LA MORALE DISTINCTE DE LA MÉTAPHYSIQUE ET DU DOGME

La morale est donc distincte de l'esthétique. De plus, elle n'est inféodée à aucune croyance philosophique ou religieuse. Deux hommes peuvent avoir sur Dieu et sur l'au-delà les opinions les plus diverses sans cesser d'être d'accord sur les prescriptions morales. Cette indépendance n'a pas toujours été comprise (moyen-âge, guerres religieuses). C'est aux philosophes du xviiie siècle, que revient l'honneur d'avoir nettement *séparé la morale des croyances confessionnelles*. Il s'en faut, cependant, que cette distinction soit unanimement admise, même aujourd'hui. Les défenseurs du dogme la jugent : 1o artificielle ; 2o dangereuse.

Artificielle, — disent-ils, — parce qu'elle n'est et ne saurait être que la morale chrétienne appauvrie et découronnée (A.).

Dangereuse, parce que, isolée des « vérités transcendantes » qui sont la matière même de la révélation, dégagée des sanctions de la vie future (récompenses et châtiments de l'au-delà) ; elle perd son caractère impératif et sa vertu.

A quoi nous répondrons que :

1º Toute morale révélée, si admirables qu'en soient les préceptes, est par nature définitive, intangible, et, par conséquent, nécessairement inadéquate aux formes très diverses et toujours changeantes des sociétés qu'elle prétend régir.

2º Le bien n'est plus accepté ni pratiqué comme tel, quand il procède de la crainte ou du désir ; ce bien est alors tout le contraire de ce qu'il paraît être, — sorte d'égoïsme individuel exploité dans l'intérêt de tous. Et si l'inconscient à qui l'on fait produire des actes socialement bons devient tout à coup sceptique à l'égard du dogme, s'il doute de ces principes dont la morale, à ses yeux, n'est qu'une conséquence, n'est-il pas à craindre que son doute ne s'étende à la morale elle-même ?

Pour prévenir ce danger, cherchons des titres moins ambitieux. Loin de partir en guerre contre la nature, fondons sur elle la morale ; faisons en sorte que, trouvant en nous-mêmes sa raison d'être et sa fin, la morale nous soit, pour ainsi dire, *consubstantielle*, et qu'il ne soit pas plus possible de l'imaginer sans nous, qu'il ne nous est possible de vivre sans elle (.B).

Nous chercherons dans l'étude des faits des règles de conduite : notre morale sera donc *positive*, en même temps que *laïque* ; elle ne s'appuiera pas plus sur les hypothèses métaphysiques que sur le dogme. Quelles seront les données du problème moral ? Ce sont faits d'observation que :

1o Les hommes s'unissent naturellement et vivent en société ;

2o Des intérêts communs résultent de ce groupement.

Pour la sauvegarde de ces intérêts, il importe que des lois soient établies et rigoureusement observées : il est nécessaire, il est désirable qu'il en soit ainsi.

Sans doute les faits qui servent de base à cette inférence ne sont pas des faits d'expérience pure : les phénomènes individuels n'ont pas ces caractères de généralité et de rigueur. On dirait plus justement qu'ils sont comme la philosophie des faits, élaborés, interprétés par la raison. De même que, dans les sciences théoriques, la raison découvre l'identité fondamentale des choses sous la diversité des apparences, de même, dans les sciences pratiques, — et plus particulièrement en morale, — la raison affirme l'identité et l'égalité essentielle des êtres, malgré la diversité de leurs situations et de leurs rapports.

C'est donc, en dernière analyse, *sur le vrai que se fonde la morale* : vérité d'ordre expérimental, d'une part (connaissance de la nature humaine et des conditions dans lesquelles l'homme est appelé à vivre) ; vérité d'ordre rationnel, d'autre part (nécessité logique d'attribuer à tous les représentants de l'espèce les caractères essentiels relevés chez quelques-uns ; par suite, nécessité pratique d'étendre *à tous* les droits imprescriptibles reconnus à certains). (C.).

Ainsi entendue *la morale s'explique*. Elle se justifie au regarde de l'expérience, parce qu'elle se garde bien de la méconnaître. Elle se justifie au regard de la raison, parce qu'elle est un ensemble de règles faites à nore mesure pour notre plus grand bien ; et, pour être intelligible, elle n'est ni moins catégorique ni moins obligatoire que le mystérieux « impératif » de Kant. Sur le vague sentimentalisme de Rousseau, sur l'humanitarisme des poètes et penseurs qui se réclament d'A. Comte, sur le « naturisme mystique » du plus indépendant et du plus affranchi des romanciers russes contemporains, Tolstoï, elle a aussi cet avantage de discipliner nos puissances affectives en les soumettant à une règle.

COMPLÉMENTS

1o Indépendance de la morale ; les deux conceptions :

a. Révélée ou morale métaphysique ;

b. Morale laïque et positive.

2o Le fait : la conviction qu'il apporte (l'eau

bout à 100° ; les corps tombent dans le vide ; les corps se dilatent par la chaleur, etc.). Mais l'hypothèse ? Arguments plausibles, raisons spécieuses : absence de toute certitude.

3o Les faits qui servent de base à la morale ; manifestations de l'instinct de sociabilité.

ECTURES

A. — « Oui, la *Déclaration des droits de l'homme*, est une laïcisation de l'idée chrétienne... Mais, en la laïcisant, c'est-à-dire en la séparant de son support ou de son fondement mystique et dogmatique, j'ajoute que l'on suspend en l'air ou dans le vide, pour ainsi parler, les droits de l'homme ; on les dénature ou on les mutile, on les met dans l'impossibilité de se prouver eux-mêmes... Ce que je crois, Messieurs, il me semble que je viens de vous le dire. Mais à ceux qui voudraient quelque chose, non pas je pense de plus net, mais de plus explicite, je répondrai très simplement : « Ce que je *crois*, — et j'appuie énergiquement sur ce mot, — ce que je *crois*, non ce que je suppose ou ce que j'imagine, non ce que je sais ou ce que je comprends, mais ce que je *crois*, allez le demander à Rome !... Evitons ici, Messieurs, l'une des pires confusions qu'ait inventées la critique moderne. L'objet de la croyance et celui de la connaissance font deux. Je ne *crois* pas que 2 et 2 font 4, ni que le semblable engendre le semblable, ni que

César ait vaincu dans la journée de Pharsale ; je le *sais*.
Si je savais de la même manière, avec la même évidence, si j'entendais avec la même clarté le mystère
de l'Incarnation ou l'opération de la Grâce, ce ne seraient plus des mystères ; et la croyance, étant adéquate
à la connaissance, ne serait plus la croyance.

F. Brunetière.— *Discours prononcé à Lille* pour la clôture de
la 27ᵉ assemblée générale des catholiques
du Nord et du P. D. C. 18 nov. 1900.

B. — « Nous sentons aujourd'hui le besoin d'une forte
assise morale. On n'a plus la foi religieuse qui était
le soutien de la société d'autrefois ; ceux qui l'ont
encore conservée savent qu'ils doivent la garder dans
leur for intérieur et ne pas la faire intervenir dans nos
affaires temporelles... Il nous faut autre chose : voilà
la cause de notre malaise. Nous vivons à une époque de
transition où le passé se désagrège et où des temps nouveaux se préparent. Ce qui existait s'effrite et tombe ;
et la destruction va plus vite que la construction d'une
doctrine nouvelle... Que chacun apprenne à se conduire, abandonne les branlantes suggestions de l'intérêt
pour les fermes convictions de la droiture ; et par chaque
conscience sera réformé le régime dont on a dit tant de
mal. En réalité ce régime souffre encore des maladies de
l'enfance. Il nous appartient de le conduire à l'âge
adulte... Il faut agir en obéissant à une règle précise
qui se réfractera dans tous les actes de notre existence.
Il faut, en un mot, avoir une philosophie de la vie ».

Article de M. Jules Delvaille.
La Nouvelle Revue, 1ᵉʳ mars 1905.

Cf. le passage d'un discours de M. Ollé-Laprune s'adressant aux élèves du collège Stanislas : « Les vieux freins sont usés ; usés, ce semble, les vieux remèdes, usées les vieilles idées... A vous jeunes gens, de préparer un ordre nouveau ; à vous d'abandonner résolument ce qui a fait son temps pour garder mieux que jamais ce qui, étant éternel ou ayant sa raison dans l'éternel, doit demeurer toujours ».

C. — « Faire pénétrer peu à peu la conscience, ou mieux, la réveiller dans les parties les plus obscures et les plus inertes ; solliciter doucement le germe qui y dort à se développer et à se créer une vie plus intense, plus complète et plus haute, voilà le rôle de l'homme, voilà sa raison d'être. Moyen terme entre la liberté et le mécanisme, il donne une direction à la vie. Il est saint et impur dans sa complexité. Mais, grâce à l'élément concret qui le constitue comme nature, son intention ne peut rester purement idéale et doit, sous peine de n'être pas vraiment l'intention bonne, entraîner un acte et s'incarner dans la matière de la moralité. Mais comment travailler à mettre l'unité autour de nous, si nous ne l'avons tout d'abord mise en nous ? Comment étendre dans le monde l'action de la pensée, si celle-ci ne règne déjà toute puissante en nous ? De là, la maxime de nos *devoirs envers nous-mêmes* : il faut que la partie supérieure de notre être domine toujours et que tous nos actes n'aient pour fin que la conservation et l'affermissement de cette liberté intérieure, de cette indépendance qui nous élève, pour ainsi dire, au-dessus de nous-mêmes. Il faut en un mot, que l'esprit seul commande et que la chair obéisse. Après avoir ramené la vie individuelle à l'unité de la raison, il reste à ramener la diversité des individus à l'unité de la même pensée et du même amour par une libre participation, par une coopération spontannée au triomphe du bien. De là, la formule de nos *devoirs envers nos semblables* : il faut les traiter comme nous-mêmes et effacer dans nos actes toute différence substantielle entre eux et nous. »

G. Lefèvre : *Obligation morale et Idéalisme.*
F. Alcan, éditeur.

CHAPITRE III

QU'UNE MORALE LAIQUE NE PEUT ADMETTRE

L'ANTINOMIE DE LA MORALITÉ ET DU BONHEUR

Nous rendre justes et bons, tel est le but de la morale. Comme, en vertu de l'universalité de son principe, ses prescriptions s'imposent à chacun dans l'intérêt de tous, comme les droits qu'elle sanctionne et les devoirs qu'elle édicte sont orientés vers cet intérêt seul, ne pourrait-on pas dire aussi qu'elle se propose de nous rendre heureux ?

Mais *est-il vrai que la morale enseigne le bonheur ?* Loin d'être un « moyen », n'est-elle pas, au contraire, un obstacle au bien-être ?

Arguments. — *1o* Si, négligeant les préceptes moraux, on ne songeait qu'à soi, on serait assurément plus riche, plus tranquille, et partant plus heureux.

2o Bien des honnêtes gens sont dans la misère ; bien des coquins prospèrent et s'enrichissent.

Critique. — *1o* Si tous les hommes prenaient pour devise : « chacun pour soi », ils compromettraient non seulement leur bien-être, mais leur existence même : ce n'est que par l'association que l'individu peut se défendre contre les dangers qui l'entourent ; c'est par elle encore qu'il dompte la nature et l'exploite à son profit.

2o Avant de répondre au deuxième argument, nous demanderons ce qu'il faut entendre par « être heureux ». Richesse, bien-être matériel, suffisent-ils au bonheur ? Qu'ils en soient l'accompagnement désirable, soit ; mais ils n'en sauraient être le facteur essentiel, la cause déterminante : crainte, honte, remords, mêlés aux biens extérieurs, gâtent le plaisir qu'ils nous causent et bientôt nous rendent insensibles à leur possession. — Reste cette objection : les honnêtes gens sont quelquefois malheureux. Le fait est indéniable. Mais est-ce bien la morale qu'il faut en accuser ? Est-ce parce que tel ouvrier est honnête qu'il vit péniblement ? — Non ; c'est que ses concitoyens ne pratiquent pas envers lui les devoirs de solidarité. La cause est donc, non dans la morale même, mais dans une dérogation aux règles de la morale. Il dépend de nous que pareils faits ne se produisent pas. Ils cesseront d'ailleurs, le jour où nos aspirations prendront forme et corps dans des lois.

La question de fait ainsi résolue, reste la question de droit. *La morale doit-elle enseigner le bonheur ?* Non, répondent les moralistes chrétiens, elle doit enseigner le bien ; or, le bien, c'est tout ce qui, naturellement, répugne à nos tendances, c'est tout ce qui, par définition, exige un effort ; le bien, c'est l'ennemi originel d'une nature perverse qu'il faut dompter, dans ce lieu de passage qu'est la vie, pour mériter les joies éternelles de l'au-delà : parler de bonheur pendant l'épreuve, parler de récompense, alors que l'issue du combat est douteuse, c'est aussi absurde qu'impie. (A. B.)

Cette théorie procède d'une assertion métaphysique. Elle procède aussi d'une conception de la nature humaine qui paraîtra singulièrement étroite aux esprits les moins prévenus : que notre nature soit un singulier mélange de bien et de mal, un étrange compromis entre « l'ange et la bête », personne ne le conteste. Mais qu'elle soit radicalement, essentiellement mauvaise, c'est une *généralisation hâtive ou une opinion préconçue* (C.). Pour prétendre que cette nature dégénérée doive s'épuiser dans une lutte sans trêve contre ses aspirations et ses tendances, il faut admettre les dogmes du péché originel et de la vie future.

Or, une morale positive n'a pas à tenir compte des hypothèses, si séduisantes, si consolantes qu'elles soient. Il lui faut une assise largement humaine, et non la base étroite d'une opinion métaphysique ou d'un dogme : c'est qu'elle doit s'imposer, *non à quelques croyants, mais à tous les hommes·*

LECTURES

A. — « Une des pires malhonnêtetés intellectuelles est de jouer sur les mots et de présenter le christianisme comme n'imposant presque aucun sacrifice à la raison et, à l'aide de cet artifice, d'y attirer des gens qui ne savent pas ce à quoi au fond ils s'engagent. C'est là l'illusion des catholiques laïques qui se disent libéraux. Ne sachant ni théologie, ni exégèse, ils font de l'accession au christianisme une simple adhésion à une coterie. Ils en prennent et ils en laissent ; ils admettent tel dogme, repoussent tel autre et s'indignent après cela quand on leur dit qu'ils ne sont pas de vrais catholiques. Quelqu'un qui a fait de la théologie n'est plus capable d'une telle inconséquence. Tout reposant pour lui sur l'autorité infaillible de l'écriture et de l'église, il n'y a pas à choisir. Un seul dogme abandonné, un seul enseignement de l'Église repoussé, c'est la négation de l'Église et de la révélation. Dans une église fondée sur l'autorité divine, on est aussi hérétique pour nier un seul point que pour nier tout. Une seule pierre arrachée de cet édifice, l'ensemble croule fatalement. »

Renan.

Cf. cet extrait du *Messager de Notre-Dame de Brébières*, 4 août 1906 :

« Les chrétiens fantaisistes, par une *sélection criminelle*, prennent de la religion ce qui leur convient, rejettent ce qui les gêne et les incommode. Ils admettent l'Evangile de la charité, ils admettent l'Evangile qui nous dit : « Aimez-vous les uns les autres », mais non celui qui répète : « Portez votre croix, *faites-vous violence, haïssez le monde* ».

Ainsi s'expliquent les attaques auxquelles sont en butte Marc Sangnier et le parti du « Sillon », de la part des catholiques traditionnalistes :

« Depuis quelques années déjà, mais en particulier depuis que la séparation de l'Eglise et de l'Etat est en France consommée, on voit des efforts constants se faire pour constituer au sein du catholicisme toute une catégorie de suspects. Tantôt on met en doute leur orthodoxie et tantôt on jette la suspicion sur leur obéissance ou sur leur docilité. S'ils ne pensent pas pouvoir admettre les yeux fermés toutes les formules qui traînent dans des manuels de philosophie sans valeur, s'ils veulent un peu de lumière et ne consentent pas à prononcer des mots qui leur paraissent ne signifier rien, on les accuse de subjectivisme, de Kantime et de toutes choses effrayantes habillées en « isme ». S'ils refusent de damner à priori tous ceux qui ne pensent pas tout à fait comme eux... on les accuse de protestantisme ».

George FONSEGRIVE :
L'éveil démocratique, 13 mai 1907.

Ainsi s'explique l'anathème lancé par les catholiques orthodoxes contre l'hérésie nouvelle : *le modernisme.*

C'est un essai de rénovation du dogme catholique, éclairé par la science, interprété par la raison. Pour les catholiques de tradition, c'est une entreprise impie, née de l'orgueil et de l'esprit de révolte. L'Encyclique du pape Pie X ne laisse aucun doute à cet égard ; elle condamne l'agnosticisme et l'immanentisme dans la philosophie, le subjectivisme et le symbolisme dans la foi, l'évolutionnisme dans l'histoire et dans la critique, comme autant de formes d'hérésie devant infailliblement conduire à l'athéisme. (Octobre 1907).

B. — « Vous entendez parfois des moralistes vous dire qu'il ne faut rien accorder à l'agrément dans la vie. Ne les écoutez pas. Une longue tradition religieuse, qui pèse encore sur nous, nous enseigne que la privation, la souffrance et la douleur sont des biens désirables et qu'il y a des mérites spéciaux attachés à la privation volontaire. Quelle imposture ! C'est en disant aux peuples qu'il faut souffrir en ce monde pour être heureux dans l'autre, qu'on a obtenu d'eux une pitoyable résignation à toutes les oppressions et à toutes les iniquités. N'écoutons pas ceux qui enseignent que la souffrance est excellente. C'est la joie qui est bonne ! Nos instincts ,nos organes, notre nature physique et morale, tout notre être nous conseille de chercher le bonheur sur la terre. Il est difficile de le rencontrer. Ne le fuyons point ».

Anatole FRANCE. — Allocution prononcée
à l'Université populaire du XVe arrondis
sement le 21 novembre 1899
Calmann-Lévy. Editeurs.

C. — « L'ignorance n'est si détestable que parce qu'elle nourrit les préjugés qui nous empêchent d'accomplir nos vraies fonctions en nous en imposant de fausses qui sont pénibles et parfois malfaisantes et cruelles à ce point qu'on voit, sous l'empire de l'ignorance, les plus honnêtes gens devenir criminels par devoir. L'histoire des religions nous en fournit d'innombrables exemples : sacrifices humains, guerres religieuses, persécutions, bûchers, vœux monastiques, exécrables pratiques issues moins de la méchanceté des hommes que de leur insanité. Si l'on réfléchit sur les misères qui, depuis l'âge des cavernes jusqu'à nos jours encore barbares, ont accablé la malheureuse humanité, on en trouve presque toujours la cause dans une fausse interprétation des phénomènes de la nature et dans quelqu'une de ces doctrines théologiques qui donnent de l'univers une explication atroce et stupide. Une mauvaise physique produit une mauvaise morale, et c'est assez pour que, durant des siècles, des générations humaines naissent et meurent dans un abîme de souffrance et de désolation ».

Anatole FRANCE. — Allocution prononcée à l'Université populaire des Ier et IIe arrondissements. 4 mars 1900.
Calmann-Lévy. Editeurs.

CHAPITRE IV

QU'UNE MORALE POSITIVE
N'EST NI UNIVERSELLE NI IMPERFECTIBLE

Quand nous parlons d'une morale applicable à
tous les hommes, entendons-nous par là que les
règles de la conduite humaine, édictées à telle
époque déterminée et dans tel milieu défini, deviennent dès lors obligatoires, en quelque endroit
et en quelque temps que ce soit ? Ce serait reve-
nir par un détour à la morale dogmatique que
nous avons récusée. Nous voulons dire seulement
que tous les citoyens d'un même pays, tous les
hommes appartenant au même « groupement social » devront obéir à la loi, et cela d'autant plus
volontiers qu'elle est faite par eux et pour eux.

Ainsi, — objectera-t-on, — il y aura autant de
morales que de peuples ? Les Anglais auront leurs
devoirs et nous aurons les nôtres ? Mais s'il en
est ainsi, si les frontières ne séparent pas seulement des hommes différant par l'expression de
leur pensée, mais encore des hommes concevant
de façons fort diverses le bien et le mal, il doit

y avoir des *morales nationales*, de même qu'il y a
des *langues nationales*. Or, — sans parler d'autres
délits ou crimes, considérés et châtiés comme tels
dans tous les Etats de l'Europe, — le vol et le
meurtre sont réprouvés par la conscience et punis par les lois, en Angleterre tout comme en
France ; donc, l'hypothèse d'une morale convenant exclusivement à un peuple est purement gratuite.

Ceux qui présentent cette objection raisonnent dans l'abstrait et concluent faussement d'une
analogie partielle à une ressemblance totale. Oui,
la matière de la moralité est sensiblement la même chez tous les Européens. Cela prouve-t-il que
la morale est une et supérieure aux faits ? Non.
C'est bien plutôt la preuve que, les conditions
d'existence des peuples de l'Europe étant actuellement à peu près identiques, tous se trouvent
avoir un fonds commun de préceptes moraux et
de sanctions juridiques. Encore faut-il remarquer,
que cette entente fortuite est limitée aux prescriptions les plus générales et ne saurait s'étendre, sinon par accident, au détail même de la
moralité.

On a donc tort de croire que les devoirs sont
identiques pour tous et que les prescriptions morales sont immuables. *La morale, fondée sur l'intérêt social, varie et se transforme comme cet intérêt même.* Elle n'impose pas les mêmes règles
aux hommes de différents pays, à une même épo-

que (A.) ; elle ne soumet pas aux mêmes lois les hommes du même pays, à époques différentes ; en France par exemple, on ne conçoit pas le bien de la même manière au Moyen-Age et au xxe siècle. Ainsi, chaque fois que les intérêts sociaux varient, chaque fois que les hommes, plus instruits et plus éclairés, comprennent mieux ces intérêts (C), la morale évolue (B).

Objection. — Dans ces conditions, disent les sceptiques, la morale ne saurait être une science. Elle n'a aucun caractère de généralité ni de certitude ; ses prescriptions variables, voire même contradictoires, sont affaire de goût, de caprice, de mode. Si le bien est le mal, si le vrai est le faux, ne consultons que nos désirs : *agissons comme bon nous semble.*

Argument spécieux, mais très faible, car la morale, dépendant des transformations du milieu, s'appuie sur des *faits dûment constatés,* sur des lois logiquement induites et scrupuleusement vérifiées ; elle n'est donc ni capricieuse, ni arbitraire. Elle répond aux besoins de notre époque ; elle est faite pour nous ; voilà pourquoi la raison nous ordonne de lui obéir.

COMPLÉMENTS

1o Caractères supposés de la morale : unité, identité, immutabilité.

2o Que la morale est variable : dans l'espace (Sparte et Athènes). — dans le temps (Moyen-Age et temps modernes).

3o Quelques mots du régime féodal et du servage ; ce dernier constituait, à l'époque, un avantage et réalisait un progrès : la morale se fait l'écho de l'intérêt commun et déclare que les serfs ont le devoir de se dévouer, corps et biens, au seigneur — affermissement du pouvoir royal ; abolition des guerres privées, — disparition de la féodalité : la monarchie absolue. Chute du régime, dénoncé comme immoral, lors de la Révolution.

4o Conclusion : La morale ne fait pas que varier ; elle s'adapte (l'évolution). Réfutation du scepticisme moral qui ne veut voir que les changements et les contradictions.

LECTURES

A. — *De la nécessité d'accommoder les lois constitutionnelles d'un pays aux lois générales des nations parmi lesquelles il évolue.*

« Il nous est impossible de vivre ici (en Russie) de la vie moderne dont nous connaissons cependant par les livres, par les voyages, toute la liberté. Vous voyez bien qu'il faut pratiquer des coupes larges dans la

jungle impénétrable des réglements policiers au milieu
de laquelle nous vivons, qu'il faut nous donner de l'air
et de la lumière. Au nom de la justice, qui devrait être
en dernière analyse l'expression suprême de la volonté
d'une société organisée, je vous demande si nous pouvons
vivre et nous développer dans les conditions actuelles. »

(Extrait d'un interview, 3 mars 1905).
L'Echo de Paris.

B. — *De la nécessité d'accommoder les lois aux mœurs.*

« On a célébré hier le centenaire du code civil de
la même manière qu'on eût fêté le jubilé d'un bon
vieux grand père bien fatigué, bien cassé. On a été bien
gentil pour lui. On ne lui a pas reproché ses rhuma-
tismes. On s'est même efforcé de lui faire croire qu'il
ne paraissait pas son âge, qu'il n'étàit pas vieux du tout,
là, mais pas du tout ! On lui a beaucoup parlé de ses
quatre nourrices : Tronchet, Bigot de Préameneu, Portalis, Cambacérès. On a célébré leur prévoyance et vanté
leurs soins diligents... M: Ballot-Beaupré (Premier Président de la cour de Cassation) exposa ce qu'a été au
XIXe siècle le rôle de la jurisprudence devenant l'initia-
trice de lois nouvelles. A ce propos il émit quelques
théories qui ne manquaient pas de hardiesse. Celle-ci
entre autres : « Le juge ne doit point s'attarder à recher-
cher obstinément quelle a été, il y a cent ans, la pensée
des auteurs du code en rédigeant tel ou tel article ;
il doit se demander ce qu'elle serait si le même article était aujourd'hui rédigé par lui ». Et ceci était vrai-

ment bien méchant à dire à ce pauvre code civil le jour
où précisément on fête sa vitalité ».

Une solennité judiciaire, août 1904.
Le Matin.

C. — *De la nécessité pour l'individu de s'adapter au milieu social.*

« Cette semaine, mourait sans bruit, dans ce grand
Paris où se heurtent tant de métiers bizarres et qui
paient parfois si mal ,le représentant — l'un des derniers représentants — d'une profession caduque et suran-
née ; le père Jean, qui tenait boutique d'écrivain public et
végétait depuis des années dans un faubourg éloigné
où sa clientèle s'était peu à peu raréfiée... Combien de
métiers ont disparu de la sorte devant l'assaut des in-
ventions nouvelles, devant la science, devant le machinisme, devant la démocratisation de toutes choses !
Croyez-vous que le porteur d'eau, dont la caricature
illustra si admirablement le type au temps de Charles X
ou de Louis-Philippe, ait eu à se louer de notre époque ?... L'écrivain public, le porteur d'eau, le porteur
de chaises et le cabinet de lecture symbolisent le vieux
monde qui ne connaissait ni l'instruction obligatoire,
ni les express, ni le journal à un sou. Il faut donner
un pleur à ces antiques institutions comme à toutes les
vieilles choses qui emportent un morceau de la vie des
peuples. Mais il ne faut point les regretter ».

Le Petit Parisien : Professions d'autrefois, déc. 1903.

Ces changements, de quelque ordre qu'ils soient, ne
vont pas sans difficultés. Ils froissent des opinions, heur-

tent des habitudes, ébranlent des traditions qu'auréole un respect quasi-superstitieux. Les adversaires du changement, sceptiques désabusés ou doux épicuriens, jugeant tout pour le mieux dans le meilleur des mondes, font bloc contre les novateurs ; aux assertions répondent les preuves, aux sophismes intéréssés, les raisons péremptoires, jusqu'à ce que, soutenue avec le ferme courage qu'inspire une conviction profonde, la vérité conquière les adversaires de bonne foi.

1. — « ..... Les objections et les doutes s'élevaient de tous côtés. Les fermiers disaient que sur le passage du *cheval de fer* les bestiaux étaient effrayés, le gibier disparaissait, les terres demeuraient improductives. « J'aimerais mieux, disait le propriétaire d'un vaste domaine, avoir sur mes terres une troupe de voleurs de grand chemin qu'un seul ingénieur ». Stephenson fut chassé par les fermiers du Lord Derby ; défense lui fut faite, sous les peines les plus sévères, de mettre le pied sur lé noble domaine. Pour dessiner le projet du tracé et pour prendre des nivellements il fallut la ruse ; la nuit, on tirait des coups de fusil d'un côté pour attirer les gardes, tandis que de l'autre, en toute hâte, on relevait un plan au clair de lune ».

LÉON MOY.
(Conférence faite à Gondecourt, juillet 1897

2. — « Le docteur Stockmann a découvert que les sources de l'établissement de bains qui cause la prospérité et la richesse de sa ville natale sont corrompues et qu'elles sont funestes pour la santé de ceux qui viennent y chercher la guérison. Mais au moment de publier cette découverte, il voit se lever contre lui la ville tout entière, les intérêts coalisés de quelques-uns ameutant

la stupidité du troupeau. Tous ses amis l'abandonnent, puis le combattent ; il reste seul. Mais pas une minute il n'est ébranlé dans sa ferme résolution de remplir son devoir, de crier bien haut la vérité, et ne pouvant trouver un journal, un imprimeur, pour publier ses écrits, il se décide à organiser une grande réunion publique pour y exposer à ses concitoyens la vérité qu'on s'efforce d'étouffer ».

(Les Annales de la jeunnesse, juin 1903 :
Analyse du drame d'Isben : Un ennemi du peuple ».

3. — « Un jour, en 1852, Taine, refusé à l'agrégation de philosophie pour audace d'esprit philosophique, condamné par l' « alma mater », aux ennuis des petits collèges de province, frappa à la porte de la Sorbonne, portant en ses mains une thèse de psychologie teintée de physiologie sur le Moi étendu. Les Pères sorbonniques frémirent. M. Damiron dit : « Quand on s'adresse à une faculté, on sait sés idées ; on ne peut pas prétendre lui en faire accepter d'autres ! » M. Garnier, un homme doux, d'humeur mélancolique, paisible interprète des pacifiques Ecossais, s'écria : « Je ne souffrirai jamais qu'on parle du Moi étendu, c'est trop grossier ! » M. Emile Saisset, cousinien pur, déclara qu'à l'Ecole normale on avait le droit de tout discuter : « Cela se passe à l'ombre, à l'insu de tout le monde ; mais à la Sorbonne il n'en est pas de même : tout le monde y a les yeux. Il n'y a pas de bon sens de vouloir faire de la philosophie sans tenir compte de l'opinion publique ». Ces énormités datent de cinquante années ! »

« La Voix nationale »
(Article de M. Emile Gebhart, 13 juin 1902).

4. — « Zola ne fut pas seulement un génial écrivain : il fut par surcroît un homme de cœur et de volonté, accomplissant son devoir simplement et avec une héroïque opiniâtreté, bravant les menaces et les colères, les calomnies et les insultes pour la seule satisfaction de sa conscience impérieuse. Pour cela aussi il faut glorifier son nom : car nul ne sait à quel effroyable abîme nous eussions été entraînés dans son superbe cri de révolte et de défi » (Allusion à la lettre : « J'accuse ! », Affaire Dreyfus).

La Petite République :
(A propos du 2ᵉ anniversaire de la mort de Zola, art. du 26 sept. 1904).

5. — . . La vérité suscite
Une sereine audace à l'épreuve de tout ;
Immuable elle inspire à ses amants sa force
Et, quand de ses beaux yeux on a suivi l'amorce,
Affamé de l'atteindre, on vit et meurt debout ».

SULLY-PRUDHOMME.
Sur l'ascension du ballon *le Zénith*.
A. Lemerre, éditeur.

CHAPITRE V

LA LOI DE SOLIDARITÉ

Comment vivons-nous avec nos semblables ? N'y a-t-il entre eux et nous que des liens superficiels d'amitié, d'intérêt ? Ou bien les hommes sont-ils intimement liés les uns aux autres ? — Il semble que l'homme puisse exister isolément, comme l'unité existe indépendamment du tout. Mais, en réalité, des rapports profonds nous lient à nos semblables ; nous formons avec eux *un organisme* dont aucun élément ne peut être distrait sans que de graves désordres s'ensuivent ; nous dépendons les uns des autres comme les diverses pièces d'une machine. Cette dépendance mutuelle s'appelle la solidarité. Elle se manifeste :

1o *Dans le monde matériel* : tous les organes vivent d'une vie commune et se partagent les fonctions nécessaires à la conservation de l'être.

2o *Dans le groupement social* : chacun de nous est appelé à jouer un rôle utile dans la société, chacun de nous le joue avec plus ou moins de conscience et de volonté. A cet égard, nos semblables nous sont redevables. Mais la dette est réciproque ; car, — de même que pour la santé, perfection de la vie organique, — pour la science, l'art, la vertu, floraisons de la vie spirituelle, il n'y a pas d'éclosion subite, pas de génération spontanée. Comme les arrière-neveux dont parle le poète, nous recueillons en partie l'héritage de nos ascendants ; nous profitons aussi dans une large mesure des recherches, des créations, des exemples de nos contemporains.

Les hommes sont donc *naturellement solidaires*, c'est-à-dire, associés, par une sorte de contrat tacite, pour les mêmes dangers, les mêmes avantages, les mêmes joies.

Que la coopération efficace, nécessaire à l'amélioration de la condition humaine, provienne beaucoup plus, comme le veut A. Comte, de la continuité des êtres que de la simultanéité de leurs efforts à un moment quelconque de l'évolution ; que la série des ancêtres l'emporte de plus en plus sur la masse des contemporains ; que « les vivants soient de plus en plus gouvernés par les morts », — peu importe. La détermination du quantum d'influence n'a qu'une importance secondaire. Il suffit que cette influence soit reconnue. Or, elle n'est pas de celles qu'on discute, car, — pour parler le langage du fondateur de l'Ecole positiviste, — c'est un fait que « les contemporains, libéralement dotés par les prédécesseurs, par *la priorité*, transmettent aux succes-

seurs, à *la postérité*, les accumulations matérielles et morales, les institutions politiques, sociales
et religieuses. ».

CHAPITRE VI

FORMES DE LA SOLIDARITÉ

A. — *Solidarité physiologique.*

Les différentes parties de notre organisme dépendent les unes des autres. Mais notre organisme, considéré comme un tout, n'est-il pas affranchi de toute dépendance ? Non ; dans l'ensemble, comme dans le détail, *l'organisme subit et exerce une influence* souvent décisive. Les lois de l'hérédité le prouvent. Si ces lois elles-mêmes sont encore mal connues, le fait de la transmission des aptitudes et tares physiologiques est en soi indéniable (A). Or, puisque telle conformation du corps et du système nerveux entraîne une conformation correspondante de notre nature intellectuelle et morale, il est juste qu'en raison de cette solidarité des devoirs nous soient imposés. Notre responsabilité est grande, car nos fautes envers nous-mêmes peuvent se répercuter sur plusieurs générations. Or, nous sommes liés vis-à-vis d'elles ; nous contractons, du fait de notre existence, un engagement strict à l'égard de nos descendants.

De tous les principes dissolvants le plus actif est, à coup sûr, l'alcool ; c'est aussi le plus répandu. Son influence sur l'organisme n'est pas nécessairement funeste ; on doit même, en toute justice, lui reconnaître sur la digestion et la circulation, par exemple, un effet salutaire. Mais pour les quelques services qu'il peut rendre, quand il est employé avec circonspection, que de désordres ne provoque-t-il pas ! Abaissement progressif de la température du corps, ralentissement et atténuation des battements du cœur, que le malade essaie vainement de combattre par des ingestions plus fréquentes qui ne font qu'accentuer l'atonie générale ; troubles généraux, bientôt compliqués de lésions locales ; inflammation des parois du tube digestif et parfois même gangrène de la muqueuse, insuffisance de sécrétion des glandes, par suite, suspension, sinon arrêt complet des fonctions digestives, altération de la forme et de la composition chimique des globules du sang. Puis, ce sont les crises épileptiformes, qui ne tardent pas à devenir chroniques, crises accompagnées d'analgésie et d'inconscience (état comateux).

Le corps n'est pas seul atteint. Les troubles de l'organisme ayant leur répercussion dans le cerveau, dont les cellules ont le triste privilège de retenir la plus grande quantité d'alcool, les fonctions cérébrales se ralentissent, puis s'exagèrent ; la sensibilité s'émousse, malgré quelques sursauts d'une irritabilité qui s'exacerbe parfois jusqu'à la folie (delirium tremens) ; la raison s'obscurcit et ne s'entrevoit plus qu'aux rares intervalles où l'excitation nerveuse fait trêve, avec les impulsions incohérentes qu'elle provoque. Langueur ou mort violente, le terme fatal est proche.

Mais le mal ne s'arrête pas là ; le coupable n'est pas seul à souffrir d'une faute que lui seul a commise ; il transmet à des innocents, sinon ses habitudes d'intempérance, du moins tout ou partie des accidents nerveux de son organisme ; il impose à ses descendants une constitution appauvrie, un organisme déprécié, milieu merveilleusement propre au développement de la maladie la plus terrible : la tuberculose (B. C. D.):

Ainsi, nous sommes moralement engagés vis-à-vis de l'avenir. Nous ne le sommes pas moins à l'égard du présent. La contagion des maladies est un des cas de solidarité physique qui mettent le mieux en relief cette dépendance mutuelle. Comme nos descendants, nos contemporains peuvent souffrir de notre négligence ou de nos excès. Aussi, la morale, forte des conclusions de la science, prescrit-elle comme autant de devoirs l'observation des règles de l'hygiène, et regarde-t-elle comme un véritable attentat à la vie de nos semblables, la témérité, l'insouciance, en face de la maladie ou de ce qui peut la propager.

COMPLÉMENTS

Alcoolisme. — Il convient de distinguer l'alcoolisme aigu, l'absorption immédiate d'une quantité d'alcool trop forte pour l'organisme, l'état passager plus vulgairement connu sous le nom d'ivresse, — et l'alcoolisme chronique, ingestion régulière d'alcool à dose plus faible, qui produit à la longue l'intoxication et ruine l'organisme aussi sûrement que les excès.

Les circonstances atténuantes. — L'alimentation insuffisante, la nécessité de créer, en vue du travail imposé, une force immédiate, une énergie factice ; — les conditions hygiéniques défectueuses dans lesquelles les ouvriers d'usine, en particulier, sont appelés à vivre, les logements insalubres, l'intérieur, rien moins que confortable, auprès duquel l'estaminet semble un Eden, avec ses glaces polies, ses ornements de pacotille et ses chromos ; — l'absence d'un bien personnel (lopin de terre ou jardin) qui occupe l'attention, stimule l'effort, et retient l'ouvrier au foyer domestique.

LECTURES

A. — (Le docteur Pascal montrant à sa nièce Clotilde les dossiers de la famille des Rougon). «... C'est un monde, une société, une civilisation, et la vie est là avec ses manifestations bonnes et mauvaises, dans le feu et le travail de forge qui emporte tout. Oui, notre famille pourrait aujourd'hui servir d'exemple à la science, dont l'espoir est de fixer un jour mathématiquement les lois des accidents nerveux et sanguins qui se déclarent dans une race, à la suite d'une première lésion organique, et qui déterminent, selon les milieux, chez chacun des individus de cette race, les sentiments les désirs, les passions, toutes les manifestations humaines, naturelles et instinctives, dont les produits prennent les noms de vertus et de vices. » Ce qui est merveilleux, c'est qu'on touche là du doigt comment des créatures, nées de la même souche, peuvent paraître radicalement différentes, tout en n'étant que des modifications logiques des ancêtres communs. Le tronc explique les branches, qui expliquent les feuilles... L'exemple est frappant avec les enfants de Gervaise : la névrose passe et Etienne se révolte, Jacques tue, Claude a du génie ; tandis que Pauline, leur cousine germaine, est l'honnêteté victorieuse, celle qui lutte et qui s'immole. C'est l'hérédité, la vie même, qui pond des imbéciles, des fous, des criminels et des grands hommes. Des cellules avortent, d'autres prennent leur place et l'on a un coquin ou un fou furieux, à la place d'un homme de génie ou d'un simple honnête homme ».

Emile-Zola : Le Dr Pascal.
E. Fasqelle, éditeur

B. — « Les phénomènes, lois, causes et conséquences de l'hérédité » ont été longuement étudiés dans un ou très documenté de M. Th. Ribot, qui distingue :

1o L'hérédité en ligne directe (caractères transmis aux descendants immédiats) ;

2o L'hérédité en retour, plus connue sous le nom d'atavisme.

3o L'hérédité en ligne indirecte.

L'hérédité mentale a pour cause l'hérédité constitutive ou physiologique (influence du physique sur le moral). L'hérédité explique le caractère et les tares ataviques diminuent dans des proportions variables la part de liberté, par suite, de responsabilité individuelle.

C. — « De tous les problèmes politiques et sociaux agités à notre époque, il n'y en a que deux qui constituent pour la nation une question de vie ou de mort. Ce sont : l'abaissement de la natalité qui compromet l'existence même de la nation ; et l'extension de l'alcoolisme, qui abaisse la qualité et la valeur de ses habitants. Ainsi le *nombre* des hommes est insuffisant et tend à devenir moindre ; et leur *valeur* devient moindre. Peut-on dire pis en moins de mots ? »

Dr J. BERTILLON.
Chef des travaux statistiques
de la ville de Paris. Déc. 1906.

D. — « ... Si l'alcool est un poison ! Les médecins ne cessent de le proclamer, sans arriver à se faire entendre... Ses effets pernicieux sur l'estomac, le foie, les reins, le cœur et les vaisseaux, ne sont rien quand on envisage la façon dont il agit sur le système nerveux. Vous parlerai-je des paralysies alcooliques, des névrites alcooliques, de l'ataxie locomotrice créée par l'alcool, de l'épilepsie ? Cela n'a pas l'air bien effrayant. Mais voyez les asiles d'aliénés, faites un tour à Sainte-Anne et demandez au docteur Joffroy, au docteur Magnan, combien ils comptent d'alcooliques parmi leurs pensionnaires. Ils vous diront que l'aliénation mentale par l'alcoolisme progresse d'année en année et que cette augmentation marche de pair avec la consommation parallèle de l'alcool... Si encore l'alcool ne frappait que l'individu ! Mais non : il s'attaque à la descendance. C'est une chose lamentable que la famille d'un alcoolique où les malformations crâniennes, becs de lièvre et gueules de loup, surdité et surdimutité, débilité mentale, convulsions, épilepsie, mauvais instincts, sont excessivement fréquents, sinon la règle chez les descendants. Voici, à ce sujet, la biographie bien instructive d'une famille alcoolique, dont l'histoire a été rapportée par un médecin allemand : « Ada Jurke, alcoolique, née en 1740, meurt au début du siècle passé. Sa postérité se compose de 843 individus et sur 709 d'entre eux qui ont pu être suivis dans leurs carrières, on compte 106 nés hors mariage, 142 mendiants, 81 prostituées et 76 criminels dont 7 assassins ! »

Publié par Le Petit Parisien. 28 déc. 1906.
Interview du Dr DEBOVE, doyen de la
Faculté de médecine de Paris,

En décembre 1906, le Conseil d'Etat du canton de Vaud (Suisse), a présenté au grand Conseil un projet de loi tendant à faire enfermer d'autorité les alcooliques impénitents dans un asile relevant de l'Etat. Une fois interné, l'alcoolique ne pourrait être remis en liberté que lorsqu'il y aurait des preuves de guérison absolue. La même année, le même canton prenait des mesures préventives contre l'alcoolisme en supprimant la vente de l'absinthe.

Le diagramme suivant nous montre quelle a été, par tête d'habitant, la consommation de l'eau-de-vie dans les différents pays de l'Europe pendant la seconde moitié du dix-neuvième siècle.

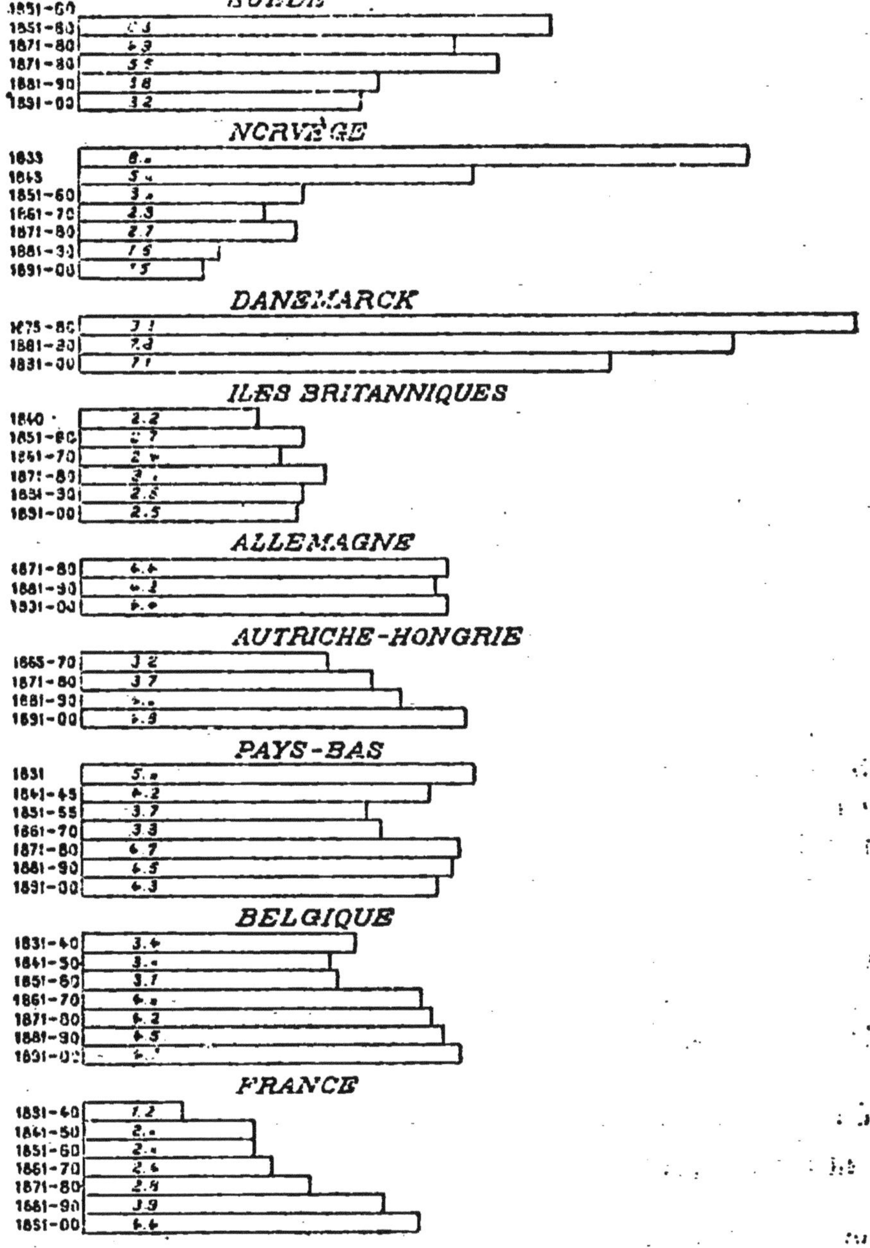

Nous y voyons que, en 1830, la France était parmi les pays les plus sobres (1 lit. 2 d'alcool absolu par an), privilège que nous partagions avec les autres pays latins. Nous absorbions trois fois moins d'alcool que les Belges (3 lit. 9), quatre fois moins que les Hollandais (5 litres), infiniment moins que les Scandinaves.

CHAPITRE VII

FORMES DE LA SOLIDARITÉ (suite).

B. — *Solidarité économique*.

La richesse est un *produit collectif* ; elle est le
fruit de la collaboration de tous. Nos besoins
nous font une loi de cette coopération ; notre im-
puissance vis-à-vis des forces naturelles rend indispensable la coordination des efforts en vue
d'un but commun. On dit de l'association
qu'elle est *simple*, quand tous les associés font
œuvre identique et ne travaillent ensemble que
pour ajouter au quantum produit par chaque
individu. L'association est *complexe*, quand les associés ,combinant leurs efforts, accomplissent respectivement les multiples opérations nécessaires à
la production d'un objet (A. B.).

Grâce à cette répartition et à la spécialisation
qui en résulte, la puissance de l'homme est accrue,
la production est plus active, les produits sont
plus soignés : telles sont les conséquences pratiques de la *division du travail*.

La conséquence morale est la suivante : l'individu, cantonné dans une besogne spéciale, incapable de créer par lui-même rien de complet et

d'immédiatement utilisable, ne peut vivre que par ses semblables. Ne croyons pas que cette dépendance soit limitée à l'atelier, à la région, à la nation ; ce ne sont pas seulement les hommes qui se spécialisent ; les peuples aussi choisissent ; et les considérations tirées de la nature du sol ne sont pas sans influence sur leur choix. Leur travail est facilité par les découvertes de leurs précurseurs ; les générations disparues ont préparé les moyens d'exploitation, forgé les instruments de travail qu'utilisent les générations actuelles ; si les conquêtes industrielles ajoutent sans cesse au bien-être de l'humanité, c'est grâce au labeur opiniâtre des « ascendants ».

Ainsi, *dans l'espace comme dans le temps*, la loi de solidarité s'impose : la production de la richesse et l'accroissement du bien-être ne sont possibles que par la collaboration imposée ou volontaire des générations et des individus.

COMPLÉMENTS

1o *La richesse* : tout objet matériel pouvant satisfaire un besoin, un désir. — Complexité de nos besoins ; d'où, nécessité de réaliser la richesse sous une forme neutre, d'une valeur représentative conventionnelle, capable de répondre aux multiples exigences de la nécessité et de la fantaisie : l'argent, — symbole de la richesse.

2º Production de la richesse : individualisme, association. Fécondité de la division du travail. Cette division, dont les avantages sont nombreux, n'est pas seulement l'œuvre voulue et consciente de l'homme ; c'est aussi l'œuvre des circonstances, l'œuvre de la nature.

3º Le capital social constitué par nos ancêtres et dont nous avons l'usufruit (solidarité dans le temps). Le fonds, la nature du sol habité, qui rend les nations tributaires les unes des autres (solidarité dans l'espace).

4º *Le capital scientifique.* — Comment se constitue le patrimoine de l'humanité. La nature est indifférente ou hostile. Comment l'asservir ? Par la science, qui accroît notre pouvoir sur elle, en déterminant le minimum d'effort nécessaire pour produire un phénomène. Que l'édification de la science, n'est pas œuvre individuelle, mais œuvre collective (C.). L'art lui-même ne saurait progresser sans la division du travail (*spécialisation.*). (D.)

LECTURES

A. — « .˙. Quelle variété de travail pour produire les outils du travailleur le plus obscur ! Sans parler de machines aussi compliquées que le navire du marin, ou même le métier du tisserand, considérons seulement la variété de travaux nécessaires pour faire cet outil très simple, la tondeuse, dont se sert le berger pour tondre ses moutons. Le mineur, le constructeur de fourneaux pour fondre le minerai, le bûcheron, le charbonnier, le briquetier, le maçon, les ouvriers qui surveillent la fonte, l'entrepreneur, le forgeron, doivent unir leurs efforts pour le produire. Si nous examinons de la même manière les différentes parties de son costume et le mobilier de sa maison:::, si nous examinons tout cela et réfléchissons à la diversité des opérations que nécessite la confection de chacun de ces articles, nous comprendrons que, sans l'assistance et la coopération de milliers d'hommes, l'être le plus infime manquerait du nécessaire ».

A. Smith : La richesse des nations.

B. — « Primitivement œuvre individuelle d'un artisan de Nuremberg, la montre est devenue le produit social d'un nombre immense de travailleurs, tels que faiseurs de ressorts, de cadrans, de pitons de spirale, de trous, et de leviers à rubis, d'aiguilles, de boîtes, de vis, doreurs, etc. Les sous-divisions foisonnent. Il y a, par exemple, le fabricant de roues, les faiseurs de pignons, de mouvements, l'acheveur de pignon (qui assujettit les roues et polit les facettes), le faiseur de pivots, le planteur de finissage, le finisseur de barillet (qui dente les roues, donne aux trous la grandeur voulue, affermit l'arrêt), les faiseurs d'échappement, de roues de rencontre, de balancier, le planteur d'échappement, le repasseur de barillet (qui achève l'étui du ressort), le polisseur d'acier, le polisseur de roues, le polisseur de vis, le peintre de chiffres, le fondeur d'émail sur cuivre, le fabricant de pendants, le finisseur de charnière, le faiseur de secret, le graveur, le ciliceur, le polisseur de boîte, etc., etc., enfin le repasseur qui assemble la montre tout entière et la livre toute prête au marché.

KARL MARX : *Division du travail et manufacture.*
Le Capital. Ch. XIV.
E. Flammarion éditeur.

C. — « Les mathématiciens et les naturalistes étaient quelquefois des érudits et des poètes. Même à la fin du XVIIIe siècle, des désignations multiples auraient été nécessaires pour indiquer exactement ce que les hommes tels queWolf, Hallex, Bonnet avaient fait de remarquable dans plusieurs catégories des sciences et des lettres. Au XIXe siècle, cette difficulté n'existe plus, du moins elle est très rare. Non seulement le savant ne cultive plus simultanément des sciences différentes, mais il n'embrasse même plus l'ensemble d'une science tout entière. Le cercle de ses recherches se réstreint à un ordre déterminé de problèmes ou même à un problème unique. En même temps, la fonction scientifique, qui jadis se cumulait presque toujours avec quelque autre plus lucrative, comme celle de médecin, de prêtre, de magistrat, de militaire, se suffit de plus en plus à elle-même. M. de Candolle prévoit même qu'un jour prochain, la profession de savant et celle de professeur, aujourd'hui encore si intimement unies, se dissocieront définitivement.

DURKHEIM : *De la division du travail social.*
Félix Alcan, éditeur.

D. — « A mesure que l'art se développe, nous voyons qu'il obéit, comme le gouvernement, à la loi de la division du travail. L'Ecole flamande, au commencement du XVIIe siècle, a joué un grand rôle dans l'art en donnant d'une façon fort nette l'exemple de la division des genres de peinture et de la spécialisation des peintres. Cette habitude a pu avoir des inconvénients ; mais n'at-elle pas contribué à augmenter le nombre des artistes qui ont réussi dans leurs travaux, chacun ayant pu mieux mesurer ses forces et tirer parti de ses aptitudes particulières ? Quoi qu'il en soit, l'exemple sera suivi dans les autres écoles et l'Ecole flamande continuera à briller pendant longtemps par ses spécialistes (portraitistes, animaliers, bataillistes, peintres de genre, paysagistes.

Roger Peyre. *Histoire générale des beaux-arts.*
Ch. Delagrave, éditeur.

CHAPITRE VIII

FORMES DE LA SOLIDARITÉ (suite).

C). Solidarité morale.

Dans l'ordre économique nous avons reconnu les bienfaits de la collaboration. La production matérielle est une résultante ; en est-il de même des manifestations de la vie morale ? Notre conduite n'est-elle pas notre œuvre, — objecteront immédiatement les défenseurs du libre arbitre, — et n'est-ce pas dans le choix et l'accomplissement de nos actes que se manifeste surtout notre initiative ? — Qu'il y ait initiative, nous l'accordons. Mais, *notre liberté n'est pas absolue* (A.) : ici encore elle se combine avec des forces dont nous subissons l'influence ; ici encore se rencontre le fait d'une indéniable dépendance (B). Les sentiments, qui constituent notre vie morale et déterminent notre conduite, naissent, survivent ou meurent sous l'influence de nos semblables. Cette action extérieure se traduit : 1° *par l'imitation instinctive* ; 2° *par l'imitation volontaire.*

1° Nous avons une tendance à reproduire les paroles et les gestes des personnes qui nous entourent ; nous sommes naturellement portés à éprouver leurs sentiments : l'enfant copie les bonnes ou les mauvaises manières du milieu familial ; il prend le langage châtié ou grossier, les façons polies ou discourtoises de ceux qui l'environnent. Si l'âme de l'enfant est impressionnable, « l'âme des foules » ne l'est pas moins ; il n'est pas rare de voir se porter à des actes violents ou absurdes des hommes qui, isolément, sont la douceur et la raison mêmes. Qu'est-ce à dire, sinon qu'ils ont subi la contagion de l'exemple ?

2º Outre cette spontanéité instinctive, il existe en nous un désir qui devient de plus en plus conscient à mesure que la réflexion s'éveille, désir auquel nous renonçons malaisément ; nous souhaitons d'être approuvés, nous souffrons d'être blâmés. L'homme le plus indifférent en apparence compte avec l'opinion ; si celle-ci est forte autant que juste, l'acte individuel sera bon ; si, au contraire, l'opinion incertaine se fait trop indulgente, les mauvaises habitudes se généraliseront.

S'il est vrai que nous subissons l'influence du milieu familial, puis du milieu social, s'il est vrai que l'exemple et l'opinion des autres nous sollicitent, il faut bien croire que *l'éducation* concourt à la formation d'une âme humaine au moins autant que l'initiative individuelle. Les impressions laissées en nous par ceux qui, durant notre enfance, ont sur nous une autorité reconnue (parents et maîtres) restent longtemps efficaces. Sans doute un jour vient où la réflexion et la volonté sont assez fortes pour résister aux suggestions d'une éducation mauvaise ; mais, quelles hésitations et quelles défaillances, si l'individu doit combattre un désir égoïste fortifié par l'exemple, par l'éducation, par l'indifférence de l'opinion publique !

La volonté est donc soumise à l'influence du milieu (C) ; la moralité de l'enfant est, dans une large mesure, la conséquence de son éducation. Aussi peut-on dire justement que nous avons besoin de l'honnêteté des autres, comme nous avons besoin de leur travail. Il n'y a pas que les produits agricoles, industriels ou scientifiques, qui soient le fruit de la collaboration : la *vertu* elle-même est *œuvre collective.*

COMPLÉMENTS

1º La moralité ; ses éléments ; elle n'est pas le produit de l'unique volonté.

2º Comment nos semblables agissent sur nous :

a. — Les actes (imitation : le lynchage ; l'épidémie de choléra sous Louis-Philippe et l'empoisonnement des fontaines : « Le Juif errant » (ch. XIX et XXIII).

b. — La parole (rappeler l'apologue d'Esope, à qui son maître, Xantos, demandait de lui servir ce qu'il y avait de meilleur et ce qu'il y avait de pire : la langue).

3º Quelles considérations nous font agir le plus souvent ? La crainte de l'opinion, le souci du qu'en dira-t-on (respect humain) ; nous sommes tous, plus ou moins, disciples de Philinte et « fléchissons au temps sans obstination ».

4º L'éducation ; son influence expliquée par :

L'impressionnabilité de l'enfant ;

Son manque d'autonomie morale ;

Son affection ou son respect pour ceux qui représentent à ses yeux l'autorité.

LECTURES

A. — « Vous dites : L'homme doit faire le bien, et, à cause de cela même, il le peut à tout moment (allusion à « l'impératif catégorique » de Kant qui, d'après le philosophe de Kœnigsberg, « postule » l'existence de la liberté). Quelles que soient son ignorance et son abjection, quelle que soit la force des passions qui le sollicitent, il peut toujours entre deux voies choisir la meilleure. C'est-à-dire que vous raisonnez comme si la raison était toujours souveraine chez l'homme, comme si elle ne subissait aucune éclipse, comme si elle était aussi développée chez l'un que chez l'autre, comme si les passions, qui la combattent, étaient égales chez tous les hommes et tous les jours. Vous créez ainsi un être de fantaisie ; vous confondez ce qui est avec ce qui devrait être ; vous transportez l'abstraction au sein de la réalité concrète. — Nous disons, nous : L'homme doit faire le bien et il le peut, mais à certaines conditions. Il faut par exemple que son intelligence soit assez nette, assez dégagée de préjugés, pour comprendre le devoir ; il faut que ses passions soient assez modérées pour permettre aux motifs élevés de l'emporter sur les motifs inférieurs. Nous pensons que la raison, qui nous fait connaître le bien moral, est une faculté susceptible d'intermittence, inégalement distribuée parmi les hommes, capable de grandir et de diminuer au cours de la vie. Nous pensons que l'énergie des passions varie suivant le tempérament, l'habitude, l'âge, le climat ; que, par suite, le pouvoir d'obéir à la loi morale suit les mêmes variations et dépend d'une multitude de causes externes et internes qui forment un réseau des plus compliqués ».

RENARD. *L'homme est-il libre*
Félix Alcan, Éditeur.

B. — *Solidarité morale dans le temps :*

« La perfectibilité de l'homme est indéfinie, en ne lui supposant que les facultés et l'organisation dont il est aujourd'hui pourvu. Mais les facultés et l'organisation elles-mêmes peuvent s'améliorer. Les progrès de la médecine conservatrice augmenteront la durée de la vie, ceux de la médecine préservatrice feront à la longue disparaître les maladies transmissibles. Sans que l'homme devienne immortel, la mort ne sera plus que l'effet ou d'accidents extraordinaires ou de la destruction de plus en plus lente des forces vitales... La vue de l'espèce humaine marchant d'un pas ferme et sûr dans la route de la vérité, de la vertu et du bonheur, console le philosophe des crimes, des erreurs et des injustices, le récompense de ses efforts pour les progrès de la raison et la défense de la liberté. Dans cette contemplation, il trouve un asile où le souvenir de ses persécuteurs ne peut le poursuivre, un élysée que sa raison a su créer et que son amour pour l'humanité embellit des plus pures jouissances ».

> F. Picavet. *Les Idéologues.* Analyse du
> dernier ouvrage de Condorcet « Es-
> quisse des progrès de l'esprit humain.»
> Félix Alcan, éditeur.

C. — *Solidarité morale dans l'espace :*

a) Influence des choses :

« Il ne me paraît pas qu'on puisse avoir l'esprit tout à fait commun si l'on fut élevé sur les quais de Paris, en face du Louvre et des Tuileries, près du palais Mazarin, devant la glorieuse rivière de Seine qui coule entre les tours, les tourelles et les flèches du vieux Paris... Chaque vitrine est, dans sa grâce bizarre et son pêle-mêle amusant, une séduction pour les yeux et pour l'esprit. Le passant qui sait voir en emporte toujours quelque idée, comme l'oiseau s'envole avec une paille pour son nid ».

> A. France : *Le livre de mon Ami*
> Calmann-Lévy, Editeur.

b) Influence des hommes :

« L'homme créé bon par Dieu peut-il être fait méchant par l'homme ? L'âme peut-elle être refaite tout d'une pièce par la destinée et devenir mauvaise, la destinée étant mauvaise. Le cœur peut-il devenir difforme et contracter des laideurs et des infirmités incurables, sous la pression d'un malheur disproportionné, comme la colonne vertébrale sous une voûte trop basse ? N'y a-t-il pas dans toute âme humaine une première étincelle, un élément divin, incorruptible dans ce monde, immortel dans l'autre, que le bien peut développer, attiser, allumer et faire rayonner splendidement, et que le mal ne peut jamais entièrement éteindre ?

Questions graves et obscures à la dernière desquelles tout physiologiste eût répondu non, et sans hésiter, s'il eût vu à Toulon, aux heures de repos, qui étaient pour Jean Valjean des heures de rêverie, assis, les bras croisés, sur la barre de quelque cabestan, le bout de sa chaîne enfoncé dans sa poche pour l'empêcher de traîner, ce galérien morne, sérieux, silencieux et pensif, paria des lois qui regardait l'homme avec colère, damné de la civilisation qui regardait le ciel avec sévérité :

V. Hugo : Les Misérables.
J. Hetzel, Editeur.

c) Influence de l'individu sur lui-même (la solidarité dans les limites de la vie individuelle).

> « L'habitude est une étrangère
> Qui supplante en nous la raison :
> C'est une ancienne ménagère
> Qui s'installe dans la maison.

Elle est discrète, humble, fidèle,
Familière avec tous les coins,
On ne s'occupe jamais d'elle
Car elle a d'invisibles soins...

Mais imprudent qui s'abandonne
A son joug une fois porté !
Cette vieille au pas monotone
Endort la jeune liberté ;

Et tous ceux que sa face obscure
A gagnés insensiblement
Sont des hommes par la figure,
Des choses par le mouvement ».

Sully-Prudhomme.
A. Lemerre, Editeur.

CHAPITRE IX

———

DEUX NOTIONS CORRÉLATIVES : DEVOIR ET DROIT

Des rapports de solidarité se dégage l'idée du droit. Avant de l'examiner dans le détail et de la suivre dans ses applications, étudions-la en elle-même.

I. Ce qu'est le droit. — La vie organique et spirituelle de l'homme est faite d'une foule de besoins, de désirs, d'aspirations qui, pour la plupart, lui semblent légitimes. Peut-il les satisfaire indistinctement ? Non ; car ses forces sont paralysées, tantôt par la nature, tantôt par ses semblables ; il ne peut empêcher ni la maladie, ni la souffrance, et le libre jeu de ses facultés est parfois entravé par la volonté arbitraire des autres hommes. Cependant, lors même que sa liberté est tenue en échec par une contrainte tyrannique, l'individu, s'élevant au-dessus des contingences et se libérant par la pensée, conçoit ce qui devrait être, l'oppose à ce qui est. Il conçoit une liberté idéale au service de ses légitimes désirs ; il prend conscience de son droit. —

Mais, en même temps qu'il revendique pour lui-
même la libre disposition de son être, il trouve équitable d'accorder cette liberté aux autres, dans la
même mesure et sous les mêmes réserves ; la no-
tion du droit est l'expression synthétique de cette
idée que la liberté de tout homme est respectable
dans les limites où elle est compatible avec une
égale liberté des autres. Cette idée a une force sin-
gulière : l'histoire prouve que les opprimés ne se
révoltent pas seulement parce qu'ils souffrent, mais
encore, et surtout, parce que leur raison s'insurge
contre l'iniquité subie (le Tiers-Etat et la Révolution, le mouvement insurrectionnel en Russie après
la dissolution de la Douma).

II. — Développement de l'idée du droit. — Ce n'est
pas d'emblée que les hommes en ont pris cons-
science. Dans l'antiquité, les plus instruits et les
plus cultivés n'ont pas craint, par exemple, de défendre l'*esclavage* ; il semblait naturel de refuser
à certains des droits que l'on concédait libéralement à d'autres ; la raison sociale colorait cette
iniquité ; ne fallait-il pas des machines humaines,
capables d'acquitter le gros œuvre de l'existence
et de créer aux philosophes des loisirs pour la
pensée ? Cet étrange argument semblait si convain-
cant que l'esclavage était considéré par les opprimés même comme une condition nécessaire de la
vie sociale (A.) ; s'ils avaient alors des mouvements
de révolte, ils venaient moins de leur raison que

de leur sensibilité. A l'esclavage succède le *servage*, qui est, lui aussi, la négation du droit. Même, en dehors du Moyen-Age, dans la famille, l'injustice a force de loi : à l'aîné des enfants, par exemple, sont conférés des privilèges de situation, de rang, de fortune, aux dépens des filles et des puînés. Pour consacrer l'inégalité, on la met sous la protection divine ; étrange façon d'entendre Dieu que de lui attribuer l'institution de ce régime d'abus et d'injustices, qui fut, pendant longtemps, comme une exploitation organisée de l'homme par l'homme ! (B.)

Si les événements politiques ont favorisé le développement de l'idée du droit, la réflexion y a puissamment aidé. Grâce à elle la justice pénètre les relations humaines ; les classes privilégiées, ne trouvant pas dans « l'idée » la justification de leurs prérogatives, sont moins ardentes à les défendre ; le besoin d'égalité est comme la force dissolvante qui les entraîne et les désagrège ; bientôt, gagnant à sa cause ceux-là même qui sont le plus intéréssés à lui faire obstacle, l'idée du droit se manifeste et les hommes de la Révolution proclament qu'ils « naissent et meurent libres et égaux en droit », que « le but de toute association politique est la conservation de leurs droits naturels et imprescriptibles » (*Déclaration des droits de l'homme*, premier art.) (C. D.).

LECTURES

A. — « Une découverte faite à un bout du monde devient émancipatrice, instrument de progrès à l'autre bout ; un savant solitaire découvre une loi de la nature et cette loi bien connue fait disparaître des supplices, des douleurs et des hontes héréditaires ; un calcul abstrait aboutit à des mesures de haute philanthropie:... Sur les monuments de Ninive on voit représentée la manière dont on dressait les colosses qui décoraient ces monuments. Le mode de traction est d'une simplicité effrayante : des centaines d'hommes, attelés et tenus au cou par une corde, tiraient par la tension de tous leurs muscles le taureau colossal ; à chaque dix hommes, il y avait un préposé aux travaux qui distribuait à tort et à travers des coups de bâton, comme on ne le fait pas maintenant pour les chevaux... Prenez une galère antique, un de ces grands navires des Grecs, si admirables de construction ; quel en est le moteur, messieurs ? C'est encore la force des bras. Dans les flancs de ce beau navire, il y a un enfer ; il y a là des centaines de créatures humaines entassées les unes sur les autres d'une façon à peine convenable, et qui, menant une vie d'éternels gémissements, livrées aux plus cruels traitements, faisaient aller les rames et marcher le navire Cela a duré presque jusqu'à nos jours ; nous avons des tableaux de ce qu'était l'intérieur d'une galère sous Louis XIV ; c'est à faire dresser les cheveux sur la tête et ce n'est pas sans raison que le mot de galère est resté synonyme des plus terribles travaux forcés ».

RENAN. (Extrait d'une conférence).

B. — « A la fin de l'époque romaine, la petite propriété libre, grevée de dettes, sans défense contre l'arbitraire du fisc, avait presque complètement disparu. Il ne subsistait que les immenses domaines de la noblesse sénatoriale. Deux classes de travailleurs les cultivaient : des colons ; des esclaves. Ces deux classes évoluèrent vers un même état social, le servage ; au x⁰ siècle, l'évolution était achevée... La condition du serf n'est guère plus enviable que celle de l'esclave antique ; il peut être vendu, non sans sa terre il est vrai ; ses enfants appartiennent à son seigneur, qui les vend et les disperse à sa guise ; il est soumis à toutes les corvées qu'il plaît au seigneur de lui imposer ; sa vie même est comme celle de l'esclave à la merci de son maître, qui n'en répond que devant Dieu, et la mort d'un serf est un péché qui ne charge pas beaucoup la conscience d'un baron féodal. Sur l'esclave antique, le christianisme lui a valu, en somme, l'unique avantage de ne pouvoir être séparé de sa femme ; son mariage, consacré par l'Eglise, a la même valeur que celui que le seigneur lui-même peut contracter... Le clergé édifiait toute une doctrine sociale afin de justifier le servage ; il le représentait comme une institution divine. Du haut de sa chaire l'archevêque de Reims fulminait : « Serfs, a dit l'apôtre, soyez soumis en tous temps à vos maîtres. Et ne venez pas prendre comme prétexte leur dureté et leur avarice:... Les canons de l'Eglise déclarent anathèmes ceux qui poussent les serfs à ne pas obéir, à user de subterfuges, à plus forte raison, ceux qui leur enseignent la résistance ouverte ».

A. REBILLON. *L'Eglise au Moyen-Age.*

C. — « Ah ! Il eût été commode à l'absolutisme religieux, monarchique, féodal, que le XVIIIe siècle se bornât à de lentes monographies enfouies en des archives de bénédictins, ou à de patientes recherches d'érudition sur le passé. Il eût été commode à toutes les tyrannies, à tous les privilèges, que la pensée française continuât à se jouer comme au XVIe siècle en de magnifiques débauches de mots et noyât sa révolte dans le large flot incertain et trouble de la prose rabelaisienne. Il eût été commode aux prêtres, aux moines, aux nobles, que le XVIIIe siècle, devançant le romantisme, s'attardât à décrire minutieusement, avec le plus riche vocabulaire, le vieux portail d'une vieille église ou la vieille tour d'un vieux château. Mais la pensée classique avait autre chose à faire. Elle notait avec précision et colère toutes les superstitions, toutes les tyrannies, tous les privilèges qui s'opposaient au libre essor de la pensée, à l'expansion du travail, à la dignité de la personne. *(Réponse à Taine qui, dans « l'Ancien régime », fait de la Révolution une œuvre d'idéologues).* — Dans le fameux manifeste de Siéyès : « Qu'est-ce que le Tiers-Etat ? », qui donna à la pensée révolutionnaire sa forme la plus décisive, c'est bien le tout de la nation travailleuse que Siéyès oppose à l'infime minorité des privilégiés et des parasites. « Qu'est-ce que le Tiers-Etat ? Rien. Que devrait-il être ? Tout. Que veut-il être ? Quelque chose ». Et pourquoi le Tiers-Etat devrait-il être tout ? Pourquoi, en droit, est-il tout ? Pourquoi est-il

la nation elle-même ? Parce que la nation se compose
de tous les producteurs. Les oisifs, les stériles, sont en
dehors de la nation. Ils en consomment, ils en dévorent
les produits ; mais l'étranger ne le peut-il faire ? Seuls
ceux qui produisent sont vraiment incorporés à la nation ».

J. Jaurès. Histoire Socialiste : préface.
J. Rouff et Cie, éditeurs.

D. — « L'accumulation primitive » joue dans l'éco-
nomie politique à peu près le même rôle que le péché
originel dans la théologie. Adam mordit la pomme, et
voilà le péché qui fait son entrée dans le monde. De même
il y avait autrefois un temps où la société se divisait
en deux camps : là, des gens d'élite, laborieux, intelligents et surtout doués d'habitudes ménagères ; ici, un tas
de coquins faisant ripaille du matin au soir et du soir
au matin. Il va sans dire que les uns entassèrent trésor
sur trésor, tandis que les autres se trouvèrent bientôt dé-
nués de tout. De là, la pauvreté de la grande masse qui,
en dépit d'un travail sans fin ni trêve, doit toujours payer
de sa propre personne, et la richesse du petit nombre qui
récolte tous les fruits du travail sans avoir à faire œuvre
de ses dix doigts. L'histoire du péché théologal nous fait
bien voir comme quoi l'homme a été condamné par le
Seigneur à gagner son pain à la sueur de son front ;
mais celle du péché économique comble une lacune re-
grettable en nous révélant comme quoi il y a des hommes qui échappent à cette ordonnance du Seigneur ».

KARL MARX. Le Capital.
E. Flammarion, éditeur.

CHAPITRE X

LA SOCIÉTÉ ET L'INDIVIDU. — RESPECT
DE LA VIE HUMAINE

Dire que les hommes ont des droits, n'est-ce pas dire aussi qu'ils ont des devoirs ? Droits et devoirs sont la manifestation extérieure de la solidarité qui les unit. Ils forment une association inconsciente d'abord, puis volontaire. Le bon associé est celui qui : 1º ne fait jamais tort aux autres ; 2º les aide et les aime comme des frères. D'où des *devoirs de justice* et des *devoirs de charité.*

Devoirs de Justice

La morale prescrit *le respect de la vie d'autrui.* Le meurtre n'est excusable que : 1º dans le *cas de légitime défense* (A). Encore devons-nous chercher moins à abattre l'agresseur, comme une bête malfaisante, qu'à l'empêcher de nuire. Le meurtre reste toujours un acte désespéré, une solution brutale ; aussi ne saurait-on se montrer trop sévère envers ceux qui, sans que leur vie ou celle des leurs soit en danger, n'hésitent pas à tirer sur des malfaiteurs qui ne menacent que leurs biens ;

2º Dans *le cas de guerre*. Le meurtre est toléré sous les mêmes réserves. Il est évident que celui qui combat pour sa patrie, par ordre, n'est pas coupable quand il tue un ennemi. Il n'est que l'instrument d'une volonté supérieure ; il obéit par discipline. Mais il doit apporter à l'œuvre de destruction tous les tempéraments compatibles avec l'intérêt de son pays et sa propre sécurité. Ainsi, il cherchera à mettre ses adversaires hors de combat, plutôt qu'à les tuer. Il n'aura pas de haine pour ses ennemis, paisibles citoyens, qui, comme lui, subissent la guerre et ne la veulent pas. Il fera son devoir, si déraisonnable qu'il soit ; mais quand la paix lui laissera des loisirs, il essayera de substituer au vieux procédé barbare un mode d'action plus humain et surtout plus équitable (tribunaux d'arbitrage) ;

3º Le même argument ne servirait-il pas contre *le duel* ? Bien qu'il ait été unanimement approuvé autrefois, bien qu'il soit très en honneur encore dans certains milieux, il n'est ni plus probant, ni plus légitime que la guerre ; un coup d'épée, donné ou reçu, n'efface pas un outrage ; et, si le duel jouit encore d'un certain prestige, c'est que les préjugés sont plus forts que les lois.

La justice, qui nous ordonne de respecter les personnes dans leur vie, nous défend aussi de les *faire souffrir* (B. C.) Par notre situation ou par nos

fonctions nous nous trouvons détenir une parcelle
de l'autorité. Que cette supériorité ne nous égare
pas (D) : elle nous confère des droits, mais nous crée
des devoirs ; nous sommes tenus de veiller au bien-
être matériel et moral de nos subordonnés. Que
penserait-on d'un officier qui exposerait inutilement la vie de ses soldats ? d'un industriel, qui,
au mépris des prescriptions hygiéniques, impose-
rait à ses ouvriers un travail excessif ou dangereux ? On peut dire qu'en matière de protection
les mœurs sont allées plus vite que les lois. Les
mesures législatives n'ont fait que sanctionner les
efforts individuels en faveur des travailleurs ; ceux-
ci n'ont pas seulement des devoirs, comme on l'a
proclamé longtemps ; ils ont aussi des *droits* ; et
l'on peut adresser aux chefs occasionnels des divers groupes sociaux les paroles courageuses de
Bossuet aux « Conducteurs de peuples » (Oraison
funèbre d'Henriette de France : exorde).

LECTURES

A. — « .:: La mère se précipita vers Mlle T... qui,
effrayée, se réfugia dans la cour de l'immeuble portant
le n° 19 de la rue des Ormeaux. Un escalier s'offrait
dont elle gravit les marches quatre à quatre; puis la
jeune fille ouvrit une porte donnant accès à l'apparte-
ment de M. P... Au bruit, Mme P..., qui travaillait dans

la salle à manger, accourut ; elle aperçut dans la cuisine Mlle T..., qui n'eut pas le temps de fournir la moindre explication. L'émotion à laquelle la jeune fille semblait en proie, ses cheveux épars sur les épaules, ses vêtements en désordre, tous ces détails permirent à Mme P:.., de supposer qu'elle était en présence d'un cambrioleur en jupons. Ouvrant la fenêtre, elle appela au secours. Le papetier prit dans le tiroir de son bureau un revolver et accourut. Terrorisée à la vue de cet homme, brandissant son arme, Mlle T... tomba à genoux et, les mains jointes, supplia : « De grâce, Monsieur... ». Elle n'en put dire plus. Coup sur coup, trois détonations retentirent. Atteinte en pleine poitrine par les projectiles, la jeune fille poussa un râle d'agonie et s'abattit sur le parquet ».

Le Petit Parisien. 4 août 1904.

B. — Le 14 juillet dernier, dans une résidence voisine de Brazzaville, plusieurs Européens, réunis pour célébrer la fête nationale, se levèrent de table après un copieux repas pour aller prendre l'air. Quelqu'un proposa alors un divertissement aussi nouveau qu'ingénieux : il s'agissait tout simplement d'expérimenter l'effet de la dynamite sur un nègre. Les forcenés s'emparèrent d'un jeune homme, l'emportèrent dans une cour intérieure et le ficelèrent en un tour de main. On fixa la cartouche entre les omoplates du patient... Une détonation retentit : des débris sanglants furent projetés à une grande distance...

Affaire Toqué, février 1905.

C. — L'allemand Horn, ancien gouverneur de Togo,

faisait en 1903 une tournée d'inspection, lorsqu'on lui apprit qu'un nègre nommé Zédu, boy d'un officier comptable, était soupçonné d'avoir dérobé l'argent de la caisse. Les interrogatoires n'ayant donné aucun résultat, Horn fit fouetter Zédu, puis il ordonna de l'attacher tout nu, sous un soleil accablant, à un poteau dans la cour. Comme le malheureux nègre se tordait de douleur, Horn, à plusieurs reprises, s'approcha de lui, et s'amusa à imiter les contorsions que provoquaient en lui la fièvre et la soif. L'ordre du gouverneur était formel : on devait laisser souffrir Zédu et lui refuser jusqu'au dernier moment l'eau que le nègre réclamait en hurlant. Zédu mourut après un jour et une nuit de tortures.

Août 1906.

D. — « ...: J'étais dans l'orphelinat depuis quelques jours lorsque le Directeur m'apprit que maman venait de mourir. Je pleurai beaucoup, car je l'aimais bien, ma chère maman... Peu de temps après on m'expédia dans une usine de verrerie du Nord où j'entrai comme apprenti. Les contre-maîtres étaient très méchants. Sans raison, ils me frappaient à coups de pied, à coups de poing, et même avec de grosses cordes. Je fus bientôt couvert de plaies mais cela n'empêchait pas mes bourreaux de me battre. Dans l'usine, je fis connaissance de deux enfants aussi malheureux que moi : les frères Louis et Maurice M..., âgés de 12 et 14 ans, également orphelins. Nous résolûmes de fuir ensemble cet enfer. Un matin, nous gagnâmes les champs, puis les bois dans lesquels nous restâmes longtemps cachés, n'ayant pour nous soutenir que des racines et de l'herbe. Puis nous décidâmes de gagner Paris ».

Le Petit Parisien. Le récit d'un enfant.
25 Août 1906.

ANNEXE

I. — LA GUERRE

1° *Argument théologique* : « La guerre est sainte, *d'institution divine* ; c'est une des lois sacrées du monde ; elle entretient, chez les hommes, tous les grands, les nobles sentiments, l'honneur, le désintéressement, la vertu, le courage, et les empêche de tomber dans le plus hideux matérialisme » (de Moltke). Cf. J. de Maistre et l'école traditionnaliste.

2° *Argument philosophique* : La guerre est l'aboutissement fatal de *la concurrence économique*, qui n'est elle-même qu'un épisode de la lutte pour la vie ; la population du globe croît suivant une progression géométrique ; les richesses naturelles augmentent suivant une progression arithmétique (loi de Malthus). De cette disproportion naît la concurrence, et la concurrence provoque le conflit. « La concurrence est due à la limitation que le milieu habitable et la quantité finie des aliments apportent à la multiplication naturellement indéfinie des êtres vivants ». (Darwin). Les défenseurs du darwinisme social affirment qu'il est aussi inutile de chercher à supprimer la loi de la concurrence, qu'il serait vain de vouloir se soustraire à la loi de la gravitation.

3° *Argument sceptique* : Essayer de supprimer la guerre, c'est une *entreprise généreuse, mais chimérique* ; on a toujours fait la guerre, on la fera toujours. Les conseils de prudence, les nobles initiatives, n'empêcheront pas deux nations rivales d'en appeler aux armes. Faut-il une preuve ? Un monarque a-t-il jamais témoigné d'intentions plus pacifiques que Nicolas II (Conférence de La Haye, 1900) ? Et pourtant ! (Guerre russo-japonaise). Ne donnons pas dans l'utopie : la guerre est une nécessité ; il faut la regretter, mais la subir. (Cf. Lucien le Foyer : « le facteur atavique dans la survivance de la guerre ». La « Paix par le droit », (octobre 1904).

Antithèse. — 1° « La guerre n'est pas divine, si du moins on entend par là qu'en expiation de quelque crime autrefois commis un Dieu demanderait notre sang. Elle n'est pas humaine, si quelques heures lui suffisent pour anéantir des années ou des siècles de travail humain accumulé. » (Brunetière — Revue des Deux-Mondes, 1893). — « La guerre ! L'espionnage, la délation, la ruse sauvage, le guet-apens, toute félonie y est permise. Ajoutez le pillage, l'incendie, le meurtre. La guerre légitime tout. Elle corrige horriblement et à son profit jusqu'au dictionnaire, le mot vol devenant le mot réquisition et le meurtre s'appelant victoire ». (J. Claretie : La guerre nationale) (A).

2º La loi de Malthus, si séduisante par son apparente rigueur, n'est pas aussi scientifique qu'elle semble. Le serait-elle davantage, rien n'empêcherait les indigènes d'un pays surpeuplé de chercher ailleurs des moyens d'existence : émigration, fondation de comptoirs coloniaux, mise en valeur de concessions territoriales. — La « concurrence vitale » n'est pas cette loi rigide dont parlent les darwinistes : à côté des espèces qui luttent entre elles pour l'existence, il y a celles qui se groupent et unissent leurs efforts (fourmis, abeilles, etc.) ; à côté de la force destructive, il y a l'union féconde, et l'association contre la mort n'est pas moins vraie que la lutte pour la vie. Allons plus loin ; accordons aux darwinistes la rigoureuse exactitude du principe : la loi de la concurrence est inéluctable comme la loi de la gravitation. N'avonsnous pas su tirer parti de cette dernière ? Ne tournons-nous pas chaque jour à notre profit les lois naturelles les plus impérieuses ? Pourquoi ne réussirions-nous pas à utiliser la concurrence ? Aussi bien, — comme on l'a justement remarqué, — le point d'application de cette force est en nous-mêmes dans nos sentiments et dans nos volontés.

3º La guerre existera toujours, parce qu'elle a toujours existé : argument misérable, doublé d'un

« sophisme paresseux » (mot de Leibnitz sur le fatalisme).

Si ceux qu'on traitait jadis de visionnaires n'avaient eu le courage de passer outre, nous en serions encore à l'âge de pierre. Le premier qui s'avisa de bâtir et de confectionner les armes, pour se mettre à l'abri des intempéries et se défendre contre les bêtes féroces, fut, sans doute, qualifié d'utopiste. L'expérience, — une expérience très positive et bienfaisante, — justifia plus tard sa chimère ; on finit par s'apercevoir qu'en dépit des apparences, ce rêveur avait le sens pratique. Il en va toujours de même ; toute tentative de progrès, matériel ou moral, rencontre les mêmes résistances, la même indifférence sceptique ; et cependant, fatal comme l'évolution, dont il est la forme concrète, tôt ou tard le progrès s'impose parce qu'il répond à un besoin. « Pourquoi l'humanité ne parviendrait-elle pas à changer la nature jusqu'à la rendre pacifique ? Pourquoi l'humanité, tout infime qu'elle est et sera, ne réussirait-elle pas un jour à supprimer ou du moins à régler la concurrence vitale ? Pourquoi n'abolirait-elle pas enfin la loi du meurtre ? » ». (A. FRANCE : *Histoire comique*).

Concluons : La guerre est un fait psychologique, un *acte purement humain* ; c'est une explosion de force brutale, survivance des âges barbares. Les qualités dont on lui fait honneur ne sont pas de celles qui ajoutent au prestige d'un individu ni d'un peuple ; le désintéressement et le courage, qu'on lui attribue si libéralement, peuvent trouver un meilleur emploi dans le modeste champ des contingences journalières. D'ailleurs, *elle n'est pas nécessaire*, au sens d'inévitable. Reste à prouver, qu'*elle est pratiquement mauvaise, même pour le vainqueur*, et nous serons tout naturellement conduits à la combattre. D'après les statistiques les plus récentes, la guerre du Transvaal coûta quotidiennement à l'Angleterre 14 francs par homme, plus 6 francs de solde. La campagne d'Extrême-Orient coûta à la Russie 10 francs, au Japon 8 francs par homme et par jour. Rapprochés des effectifs généralement admis de part et d'autre, ces chiffres représentent pour la Russie, une dépense totale de 2.200.000.000 de francs, et, pour le Japon, une dépense totale de 1.800.000.000 de francs ; décidément la guerre est une mauvaise affaire (B).

Encore, si elle n'exigeait que de l'argent ! Mais nul n'ignore qu'à cette déesse farouche il faut, outre les sacrifices pécuniaires, des sacrifices humains :

« ... Je vois tous les ans couper la fleur des races,
Jusqu'a l'heure où la chair se fera des cuirasses,
Plus fortes que le fer avec le droit sacré ».

SULLY PRUDHOMME

Rien de plus suggestif que le bilan de la dernière guerre (1904), de fin avril à fin juillet.

	Pertes russes	Pertes japonaises
Du 30 Avril au 1er Mai (sur le Yalou)	2.324	1.001
Du 13 au 15 Juin (Vafangou)	3.363	1.113
Du 17 au 19 Juin (front Est russe)	1.558	787
Du 23 au 24 Juillet (Datchitchao)	894	984
Au 31 Juillet (San-Ho).	1.766	906
Du 24 Août au 7 Sept. (Liao-Yang)	15.974	16.939
Du 8 au 20 Octobre (Cha-Ho)	42.613	15.433
Total (morts, blessés ou disparus).	68.492	38.163

« Si ceux qui sont nos maîtres et qui disent
que Dieu les a mis sur terre pour faire notre
bonheur pouvaient se figurer, au commencement
d'une campagne, les pauvres vieillards, les malheu-
reuses mères, auxquels ils vont en quelque sorte
arracher le cœur et les entrailles pour satisfaire
leur orgueil ; s'ils pouvaient voir leurs larmes
et entendre leurs gémissements au moment où l'on
viendra leur dire : « Votre enfant est mort... vous
ne le verrez plus jamais ! Il a péri sous les pieds
des chevaux, ou bien écrasé par un boulet, ou bien
dans un hôpital, au loin, dans la fièvre, sans con-
solation, en vous appelant comme lorsqu'il était
petit ! » S'ils pouvaient se figurer les larmes de ces
mères, je crois que pas un seul ne serait assez barbare pour continuer ».

Erckmann-Chatrian : Le Conscrit de 1813.

Le remède. — Traiter les nations comme les individus, créer pour les infractions au droit des gens
une juridiction analogue à celle qui existe pour les
délits de droit commun. Il y a beau temps que

la force ne solutionne plus les conflits entre par-
ticuliers ; on ne défend plus ses droits, la menace
à la bouche et le poing tendu comme les héros
d'Homère ; on les fait valoir devant les tribunaux :
c'est plus lent, mais plus sûr. Pourquoi les nations seraient-elles moins sages que les individus ?
Pourquoi, à leur tour, ne comprendraient-elles pas
que le moyen de régler un différend d'une manière
équitable et définitive n'est pas de s'en remettre
au hasard des solutions violentes, mais de soumet-
tre ses titres à l'impartialité d'un tribunal ? Ne
désespérons pas : *l'arbitrage international* entrera
dans les mœurs et la justice n'y perdra rien. D'ailleurs, l'institution de la « Cour de La Haye » n'a
pas été, comme les « impérialistes » impénitents se
plaisent à le répéter, une inoffensive manifestation d'humanitarisme platonique. Pour 1905 seulement nous relevons à son actif trois interventions
décisives :

a) Arbitrage entre le Japon, d'une part, la France,
l'Allemagne et la Grande-Bretagne, d'autre part
(taxes foncières dont le mikado avait frappé les concessions européennes) ;   :

b) Arbitrage entre la France et l'Angleterre (objet
du litige : la France n'avait-elle pas outrepassé ses
droits en faisant flotter son pavillon dans les eaux
du sultan de Mascate ?)

c) Arbitrage entre la Hollande et le Portugal
(délimitation de frontières au Timor).

Nous ne saurions passer sous silence les arbitrages ou conventions suivantes, qui sont très caractéristiques :

L'arbitrage du roi Victor-Emmanuel entre la Grande-Bretagne et le Brésil (délimitation de la Guyane anglaise) ;

L'arbitrage de l'empereur d'Allemagne entre l'Equateur et la Colombie (question de frontière) ;

L'arbitrage du roi d'Espagne entre les Républiques de Honduras et du Nicaragua (question de frontière) ;

L'intervention amiable de la France à propos de l'incident de Hull (épisode de la guerre russo-japonaise) ;

La généreuse initiative du président Roosevelt dont le geste, impatiemment attendu par toutes les nations européennes, mit un terme aux atrocités dont la Mandchourie fut naguère le théâtre (Paix de Portsmouth, 30 août 1905).

Il convient de féliciter de ces résultats les courageux philanthropes qui, comme M. Frédéric Passy, prirent résolument la tête du mouvement pacifiste et, sans s'inquiéter des calomnies ni des sarcasmes, poursuivirent, comme ils le font encore, l'émancipation de la conscience humaine au regard de la guerre, en en dénonçant la vanité, l'iniquité et la sottise : « Nous ne voulons pas oublier la gloire passée de notre pays, — disait M. G. Lyon au IIIᵉ Congrès national de la paix (Lille, avril

1905), — nous ne voulons pas changer le sens de notre histoire, ni nous montrer ingrats vis-à-vis de ceux qui, pour me servir de la forte expression de Michelet, ont de leur sang engendré la patrie... Mais comment pourrait-on écouter avec indifférence les hommes qui s'élèvent contre les hécatombes des plus pures, des plus robustes existences ?» Dans tous les pays, des groupements pacifistes se sont formés. Des congrès, réunissant dans les différentes contrées de l'Europe les apôtres de *la paix par le droit*, permettent aux hommes de s'apprécier en se connaissant mieux, et de poursuivre l'œuvre de pénétration pacifique qui peut seule assurer le succès de leur cause. N'est-ce pas l'indice d'un mouvement favorable d'opinion que cette résolution votée par la Chambre des communes (House of Commons), en faveur de la réduction des armements ? (9 mai 1906). N'est-il pas consolant — et piquant à la fois — d'entendre, dans une monarchie, le Ministre des Affaires étrangères (Sir Edward Grey), s'élever contre le fardeau des dépenses militaires et dénoncer à sa façon « le monstrueux paradoxe de la paix armée » ? (Discours de Jaurès, 12 juin 1902). Il ne s'agissait pas, dans l'espèce, d'une satisfaction platonique donnée à l'opinion, mais bien d'une résolution ferme : à une séance ultérieure, le « Premier », malgré les attaques de l'opposition, affirmait sa volonté de limiter les constructions navales ; et, deux mois après le débat devant la Chambre des Communes, le roi Edouard VII passait pour la dernière fois en revue, dans la cour de Buckingham Palace, le 3e bataillon des Gardes écossais, licencié par décision du Parlement (28 juillet 1906). (C).

LECTURES

A. — « ... Tyrans du genre humain, c'est à vous que nous devons les funestes ruisseaux d'où coulent ces misères. Pour vous, combien de mères pleurent leurs fils, arrachés à la vie avant d'avoir fourni la moitié de leur course ! Pour vous, combien de veuves dans leur douleur muette versent des larmes sur la tombe d'un époux ! »

(SHELLEY, *Fragments*).

« Oh trêve ! Faut-il que la haine et la mort renaissent ? Trêve ! Faut-il que les hommes tuent encore et meurent ? Trêve ! Ne buvez pas jusqu'à la lie le calice de l'amère prophétie... Le monde est las du passé ; Oh ! puisse-t-il mourir ou se reposer enfin ! »

(SHELLEY, *Hellas*).

« J'admire les licences que vous prenez, vous autres poètes ; j'admire votre art ; les massacres se font chez vous sur le rythme d'une musique militaire, comme à l'opéra, et les jeunes filles poussent des cris harmonieux quand nos grenadiers vainqueurs entrent dans les villages. Savez-vous quel spectacle c'était ? Quel triomphe vous célébrez ? Quelles scènes de honte et d'horreur se sont déroulées devant nous ?... Pour ma part, j'eus honte de mon métier quand je vis s'accomplir ces horreurs dont nous fûmes tous témoins. Vous taillez dans vos vers polis la noble figure de la victoire souriante. Mais c'est une créature laide, contrefaite, cruelle, une créature horrible, sanguinaire, barbare. Le culte que vous lui rendez a quelque chose de choquant. Vous autres, grands poètes, vous devriez la montrer telle qu'elle est — difforme et hideuse — et non pas belle et sereine. Oh ! Monsieur, si vous aviez fait la Campagne, croyez-moi, vous ne l'auriez jamais chantée ainsi ».

> W. THACKERAY : *Henry Esmond.* Le capitaine Esmond à J. Addison, auteur de « la Campagne », poëme de commande composé après la victoire de Blenheim, en l'honneur du duc de Marlborough).

Cet extrait fait songer au passage bien connu de *Grandeur et servitude militaires* : « Oh ! ce fut une boucherie sourde et horrible ! La baïonnette assommait, le genou étouffait, la main étranglait... »

> A. DE VIGNY.

B. — « Voici comment mon ami Jacques définissait la guerre. Supposez une douzaine d'hommes parmi lesquels il s'en trouve un plus fort, plus intelligent ou plus hardi qui se mette à la tête des cinq autres. Il les conduit contre un groupe de six autres individus que, sur son ordre, ils attaquent : ceci se nomme une rixe, une rencontre qualifiée crime ou délit ; il s'ensuit procès-verbal, acte d'accusation, enfin un procès criminel ou tout au moins correctionnel. Doublez le nombre des assaillants, doublez encore ; triplez, quadruplez, quintuplez et, continuant ainsi, vous arriverez au czar et à ses 600.000 soldats. Alors, ce n'est plus une bande, c'est la grande armée ; ce n'est plus une rixe, c'est la guerre ; ce n'est plus un procès criminel ou correctionnel avec la prison ou les galères au bout, c'est une bataille, c'est le triomphe, c'est la gloire ! Et pourtant où est la différence ? Quelques zéros de plus après l'unité ! Selon Jacques, les maîtres des peuples, au lieu de les faire s'entretuer pour des intérêts minimes ou des questions d'amour-propre, feraient mieux de s'entendre et de former un haut tribunal de justice internationale où siégerait un nombre de juges et jurés calculé sur celui des habitants ou sur l'importance de chaque état. Ce tribunal ayant aussi son appel et sa cour de cassation jugerait tous les cas litigieux, les désaccords et querelles s'élevant de peuple à peuple... On sait, pour peu que l'on consulte le budget de la guerre, à combien nous revient la mort d'un russe ou d'un autrichien. Avec ce qu'on dépense pour faire mourir un homme on en pourrait faire vivre quatre ».

BOUCHER DE PERTHES. Portraits de me
connaissances dédiés à mes amis.(1860)

C. — Vœu adopté par la première conférence de La Haye, sur la proposition de M. L. Bourgeois, délégué de la France : « La conférence estime que la limitation des charges militaires qui pèsent actuellement sur le monde est grandement désirable pour l'accroissement du bien-être matériel et moral de l'humanité ».

La 2e conférence de La Haye s'est réunie en juillet 1907. 47 états y ont pris part, soit 21 de plus qu'en 1899. La conférence a étudié et solutionné les questions suivantes : secours aux blessés et malades de la guerre (révision de la Convention de Genève) ; — droits et de-

·voirs des neutres ; — inviolabilité de la propriété privée sur mer ; — réglementation du bombardement des
ports, villes et villages ; — emploi des canons, fusils et
munitions de guerre (vœu tendant à proscrire « toutes
les balles qui infligent des blessures inutilement cruelles
et dépassent l'effet nécessaire pour mettre un homme
immédiatement hors de combat » ; — proposition du
général Davis, délégué des Etats-Unis).

Ce vœu et les décisions relatives au bombardement
ont fait dire aux esprits chagrins que la 2ᵉ conférence
de la paix avait plus fait pour codifier la guerre que
pour la supprimer. Mais, si l'on ne peut songer à l'abolir par décret, n'est-ce pas un résultat que de l'entourer
de pratiques si multiples, de prescriptions si minu-
tieuses, qu'elle devienne à la longue pratiquement impossible ?

« Deux lois contraires semblent aujourd'hui en lutte :
une loi de sang et de mort qui, en imaginant chaque
jour de nouveaux moyens de combat, oblige les peuples à être toujours prêts pour le champ de bataille
et une loi de paix, de travail, de salut, qui ne songe
qu'à délivrer l'homme des fléaux qui l'assiègent. L'une
ne cherche que les conquêtes violentes, l'autre que
le soulagement de l'humanité. Celle-ci met une vie
humaine au-dessus de toutes les victoires ; celle-là sacri-
fierait des centaines de mille existences à l'ambition
d'un seul. Laquelle de ces deux lois l'emportera sur
l'autre ? Dieu seul le sait. Mais ce que nous pouvons
assurer, c'est que la science française se sera efforcée,
en obéissant à cette loi d'humanité, de reculer les frontières de la vie. »

PASTEUR : *Discours prononcé à l'inau-
guration de l'Institut Pasteur de Paris.*

Sur la question d'A'sace-Lorraine : « Nous ne différons pas sur le fond : sympathie profonde entre la
mère-patrie et les provinces perdues ; légitimité de
la revendication des droits violés en 1871. Pourquoi laisser accréditer le contraire ? Cela dit, il y a ce fait :
l'Alsace-Loraine ne veut pas être reprise *par la force.*
Le débat est là ; pas ailleurs. C'est sur l'interprétation
de ce fait (qui, quoi que vous affirmiez, est au fond
du vœu du Landesansschuss (¹)), que nous différons.
vous, le terrain de la future revanche, c'est le sable
mouvant de la violence, les champs de bataille ensan-
glantés. Pour nous, c'est l'accord des diplomates, la
base des volontés consentantes. Vous souhaitez la guerre,
nous, la paix ; une paix armée et forte. Là-dessus
on peut discuter longtemps ! Mais ce que nous vous
défions bien d'infirmer, c'est la certitude, l'évidence
de ce fait : l'Alsace-Lorraine, qui nous aime et que
nous aimons, ne veut pas être reprise *par la force.*
Alors ? »

PAUL ET VICTOR MARGUERITTE. Lettre à
M. MAURICE BARRÈS, rédacteur à La Pa-
trie.

---

(1) L'assemblée d'Alsace-Lorraine, composée de 32 membres qui,
à l'unanimité émit le vœu que la province devint principauté indépendante, sous la simple suzeraineté de l'empire allemand.

II. — LE DUEL

1º Que tous les motifs se réduisent à un seul : le *souci de l'honneur*, — qu'il y a un vrai et un faux honneur, — que le témoignage d'une conscience droite est un bien contre lequel ne sauraient prévaloir la brutalité, ni l'injure.

2º Le duel n'est *pas plus probant que la guerre* : c'est un jeu brutal à l'usage des gens du monde. Brutal, il l'est par nature ; jeu, il l'est devenu par les tempéraments qu'un humanitarisme, louable en soi, mais singulièrement paradoxal dans l'espèce, ne cesse d'y apporter (égratignure mettant fin au combat — balles échangées sans résultat). Une récente rencontre nous a même révélé le duel:.: unilatéral (duel André-Négrier ; l'un des combattants abaissa son arme au commandement de feu, 8 août 1906).

3º *Un bretteur n'est pas nécessairement un gentilhomme*, et il ne suffit pas d'imposer par l'outrage, une réparation, pour se faire une réputation d'homme d'honneur. On connaît l'incident Syveton-André. Le ministre porta plainte et demanda justice. Ce recours aux tribunaux fut sévèrement jugé dans certains milieux. Invoquant un précédent fameux, dans une lettre au fils du ministre outragé, un député de l'opposition, qui connaît ses auteurs, s'exprimait ainsi : « J'avais la naïveté de croire qu'un officier français valait un noble castillan (allusion au *Cid*) ; il paraît que je me suis trompé... Vous préférez faire laver votre opprobre de famille par les tribunaux..., je ne vous en fais pas mon compliment. » (nov. 1904). Quelques jours plus tard, on allait sur le pré : l'honneur était sauf. Mais, — ce qui montre bien le caractère équivoque de cette coutume, acceptée par l'opinion, condamnée par la loi, — il fallut, pour maintenir à distance les nombreux curieux, mobiliser la troupe ; et l'on eut ce spectacle peu banal de la force armée protégeant un délit, au lieu de le prévenir.

4º Si l'*action en justice* semble trop prosaïque, *trop bourgeoise*, pourquoi, — comme le suggère spirituellement un journal mondain, — ne ferions-nous pas en France ce qu'on fait, par exemple, au Groënland ? Là, le duel est littéraire : épigrammes et satires y remplacent avantageusement les pistolets et les épées de combat ; on se venge d'une injure par un bon mot ; le vainqueur est celui qui met les rieurs de son côté : « Ces palabres ne seraient-elles pas bien plus logiques que la sotte coutume d'aller mettre habit bas à la Grande-Jatte ou ailleurs ?..: Lors de ces duels oratoires, on ne s'ennuierait pas à certains jours, dans les tribunes du Luxembourg et du Palais-Bourbon » (*La vraie mode*, fév. 1905).

A l'occasion de cette boutade, et dans le même ordre d'idées, qu'on nous permette de mentionner une amusante « suggestion » de Boucher de Perthes, qui fut un essayiste spirituel en même temps qu'un archéologue érudit : « Mon ami Jacques prétendait, entre autres choses, que tous les souverains du monde, au lieu de choisir dans la population les sujets les plus jeunes et les plus beaux pour en faire des soldats, devraient faire le choix absolument contraire, et n'envoyer à la guerre que les individus mal bâtis et d'une santé douteuse... La guerre alors aurait véritablement son utilité : en débarrassant le pays de ses invalides, elle nous laisserait d'autant plus de place et de nourriture pour la partie saine de la population. Ainsi épurée, elle se relèverait en ne produisant que des générations belles et fortes, avantage inappréciable, ou plutôt, seule voie de salut ».

BOUCHER DE PERTHES,
Portraits de mes connaissances dédiés à mes amis.

III. — LA PEINE DE MORT

Arguments favorables : 1º L'assassin se met hors la loi. Il compromet la *sécurité publique.*

2º La peine de mort est un *moyen d'intimidation,* autant qu'un moyen de répression.

Critique : 1º — Soit, l'assassin n'a plus de droits ; mais la société cesse-t-elle d'avoir des devoirs envers lui ? *La loi du talion* est d'une moralité douteuse ; une impérieuse nécessité peut seule la justifier. Que la société se protège, c'est son droit, c'est son devoir ; lui faut-il, pour cela, supprimer le coupable ? Telle n'est pas l'opinion des criminalistes italiens (Lombroso : Le crime ; causes et remèdes Ferri : Sociologie criminelle). Pour eux, comme pour Taine, la vertu et le vice étant « des produits naturels, comme le sucre et le vitriol (Histoire de la littérature anglaise : préface), le criminel doit être considéré comme un malade et soigné comme tel. La société ne doit prendre, à son égard, que des mesures de défense, des *mesures préventives.*

2º — Les exécutions publiques, *la solennité* dont on les entoure, les panégyriques des reporters, narrant d'une plume émue la mort calme et stoïque d'un criminel de marque, tout cela *stimule les volontés perverses*, loin de les réprimer (A) : n'a-t-on pas constaté que sur un nombre donné de meurtriers la plupart avaient vu une ou plusieurs exécutions ? » (Statistique faite par un magistrat ; — cité par Marion : Leçons de morale).

3º — Enfin et surtout, la peine de mort, médiocrement morale, parce qu'elle n'est pas réparatrice, est de plus *irréparable* (faillibilité des jugements humains). Aussi, — sans attendre que Messieurs

les assassins commencent, — parle-t-on plus que
jamais de l'abolir. Une proposition de loi rédigée
par M. Joseph Reinach, député des Basses-Alpes,
— proposition favorablement accueillie en Conseil des ministres, — a des chances sérieuses de
trouver une majorité au Parlement. La Commission
du budget a d'ailleurs, à titre d'indication, sup-
primé le traitement de l'éxécuteur des hautes-œu-
vres et de ses aides (août 1906).

COMPLÉMENTS

Le droit de grâce : Légitime dans une monarchie
où le roi est maître absolu. Difficile à défendre
dans une République, puisque la séparation des
pouvoirs autorise les seuls juges à connaître des
crimes et à prononcer des peines, puisque l'esprit même de la constitution commande le respect
de la loi, supérieure aux suggestions les plus loua-
bles de la conscience individuelle.

Cette prérogative, qu'une loi fondamentale ac-
corde au Président de la République a été, il faut
l'avouer, moins discutée, en droit, que combattue,
en fait, par les jurys d'assises qui, dans ces derniers
temps, ont protesté contre l'abolition de la peine
de mort.

« .... Que les débats, que la condamnation soient publics, mais que le supplice ne le soit pas:.: La mort solitaire et le mystère qui l'entoure auront toujours pour le condamné quelque chose de bien plus effrayant que l'échafaud scénique où il se drape et se pose. On parle encore avec terreur des exécutions de Venise ; cependant on n'exécutait pas plus de coupables à Venise qu'ailleurs et les supplices n'y étaient pas raffinés ; mais ils étaient secrets ; l'imagination les rendait terribles ».

Boucher de Perthes. (Id. art. « Cruauté).

CHAPITRE XI

RESPECT DE LA PENSÉE

Il ne suffit pas que nous respections nos semblables dans leur vie ; il faut encore que nous les respections *dans leur pensée*. En matièré d'opinions, chacun est libre. Mais de quelles opinions s'agit-il et que faut-il entendre par cette liberté ?

On pourrait, au point de vue pratique, distinguer deux sortes de jugements : les *jugements néeessaires* et les *jugements contingents*. Les premiers reposent sur le raisonnement ou l'observation ; ils sont susceptibles de démonstration ou de preuve ; aussi, produisent-ils en nous la certitude. Les seconds résultent de notre éducation, de notre caractère ; ils ne s'appuyent ni sur des propositions évidentes, ni sur des faits indubitables ; aussi sont-ils seulement probables. On ne peut nier les uns, parce qu'ils sont l'expression de réalités concrètes et que refuser d'y souscrire, c'est révoquer en doute l'autorité de la raison ou le témoignage des sens. On ne peut que se montrer très circonspect à l'égard des autres, parce qu'ils ne se fondent sur rien de positif et que, si contradictoires qu'ils puissent être, ils laissent l'esprit incapable d'un choix éclairé, d'un choix rationnel. (A) Ainsi, d'une part, des opinions rigoureusement scientifiques, autrement dit, des *lois*. D'autre part, des opinions plus ou moins vraisemblables, des possibilités, des *hypothèses*.

Sommes-nous libres d'accepter ou de récuser les premières, de nier que 2 et 2 font 4 et que les corps tombent dans le vide ? Evidemment non : le fait existe, démontrable ou visible ; toutes les fantaisies, tous les sophismes, n'empêcheront jamais qu'il ne soit. — S'agit-il maintenant d'une croyance religieuse ou d'une hypothèse métaphysique ? Comme ici, les connaissances précises nous font défaut, comme il n'existe aucun critérium qui infirme ou légitime conceptions et dogmes, nous pouvons choisir librement.

Il résulte de cette distinction que si les vérités scientifiques peuvent être imposées, — la liberté, dans l'espèce, étant complètement hors de cause, — les spéculations sur « l'Inconnaissable » ne peuvent l'être. Celles-ci parlent au cœur et persuadent ; celle-là parlent à l'intelligence et convainquent. Or, si *nous sommes liés au regard de la raison*, nous sommes *indépendants en tant qu'êtres affectifs*. Il est donc loisible à l'individu d'imaginer, par-delà l'univers visible, un monde qu'il façonne et qu'il peuple à sa guise ; mais, comme aucun témoignage positif ne permet d'établir le bien fondé d'une telle conception, toute opinion de ce genre reste conjecturale. Croyances métaphysiques et religieuses ne sauraient donc prétendre à l'hégémonie : elles n'ont pas une valeur sociale absolue, parce qu'elles n'ont qu'une valeur scientifique médiocre ; elles ne sauraient, en droit, devenir la règle commune, parce qu'elles ne s'imposent ni par l'évidence des preuves, ni par la solidité des arguments. Qu'on les professe et qu'on les expose librement, c'est justice ; mais il n'est permis à personne de mettre la force au service de ses convictions. Chacun de nous a *le droit de penser librement* ; chacun de nous a le devoir d'accorder aux autres la même liberté : *la liberté de conscience appelle la tolérance.*

COMPLÉMENTS

1º Qu'est-ce que penser ? Former des opinions, susciter des croyances.

2º Examinons-les : préjugés (opinions reçues) (B), croyances personnelles (conscientes et réfléchies).

3º Matière de nos opinions : science, morale, politique, religion.

4º Lesquelles sont susceptibles de démonstration ou de preuve : certitude et probabilité.

5º Différences pratiques résultant de cette distinction : croyances obligatoires et croyances bénévoles.

6º Historique : l'intolérance (Charles IX, Louis XIV), — le fanatisme, « les droits de la vérité » (l'Eglise orthodoxe de France et les hérétiques des Cévennes et les Solitaires de Port-Royal).

Quelques mois après la révocation de l'Edit de Nantes, Bossuet s'écriait : « Ne laissons pas de publier le miracle de nos jours ; faisons-en passer le récit aux siècles futurs... Poussons jusqu'au ciel nos acclamations et disons à ce nouveau Constantin, à ce nouveau Théodose, à ce nouveau Marcien, à ce nouveau Charlemagne : « vous avez affermi la foi. Vous avez exterminé les hérétiques : c'est le digne ouvrage de votre règne ; c'en est le propre caractère » (Oraison funèbre du P. le Tellier, 1686).

Saint-Simon, plus pratique et, ici, plus équitable en jugeait autrement : « Le roi se croyait un apôtre ; il s'imaginait ramener les temps apostoliques où le baptême se donnait à des milliers à la fois. La révocation, sans le plus léger prétexte et sans aucun besoin, immédiatement suivie des proscriptions, des supplices, des galères... dépeupla le royaume et transporta nos manufactures et presque tout notre commerce chez nos voisins et plus loin encore, fit fleurir leurs Etats aux dépens du notre, remplit leurs pays de nouvelles villes et d'autres habitations et donna à toute l'Europe l'effrayant spectacle d'un peuple si prodigieux, proscrit, fugitif, nu, errant sans aucun crime, cherchant un asile loin de sa patrie ». (Duc de St-Simon : Mémoires).

Les querelles sont fréquentes entre l'Etat et le Saint-Siège sous le règne du « roi très chrétien », affaire du droit de régale : 1673 — affaire des franchises, 1687 — ultramontanisme et gallicanisme. l'infaillibilité du Pape n'étant pas alors un article de foi).

La Révolution proclame que « nul ne doit être inquiété pour ses opinions, mêmes religieuses, pourvu que leur manifestation ne trouble pas l'ordre public ». (art: 10 de la Déclaration des droits):

Après s'être heurté aux mêmes difficultés que Louis XIV, Napoléon 1er, « celui que Dieu a suscité dans des circonstances difficiles pour rétablir le culte public de la religion sainte de nos pères et pour en être le protecteur », — dit, avec l'approbation du Saint-Siège, le catéchisme impérial de 1806, — Napoléon établit la religion officielle, non par conviction, mais par intérêt : « Peut-être le temps n'est-il pas éloigné où je reconnaîtrai le pape comme évêque de Rome, comme égal et au même rang que les évêques de mes états », écrit Napoléon. Et le Pape de répondre : « que nos persécuteurs apprennent que Jésus-Christ les a soumis à notre

notre autorité et à notre trône, car nous aussi nous portons le sceptre et nous pouvons même dire que notre puissance est bien supérieure à la leur ». Papes grégoriens et empereurs d'Allemagne parlaient-ils un autre langage ?

Le Concordat (1801).

Les successeurs de Napoléon doivent compter avec la puissance politique de l'Eglise ; pouvoir spirituel et pouvoir temporel : le cléricalisme.

Affermissement du régime républicain, retour aux principes de la Déclaration.

Indifférence de l'Etat en matière religieuse (C). Indépendance des églises et de l'Etat — la dénonciation du Concordat — la Séparation : « La France est la fille aînée de l'Eglise, c'est pour cela que nous voulons qu'elle soit la première émancipée ». (Conférence Steeg à Amiens, avril 1905):

LECTURES

A. — Les trois attitudes de l'esprit vis-à-vis du mystère des métaphysiques et des religions.

a) La foi :

« ... Un jour que, plongé dans ma propre infortune,
J'avais lassé le ciel d'une plainte importune,
Une clarté d'en haut dans mon sein descendit,
Me tenta de bénir ce que j'avais maudit...

... Et toi qui dans tes mains
Tiens les cœurs palpitants des sensibles humains,
Byron, viens en tirer des torrents d'harmonie :
C'est pour la vérité que Dieu fit le génie.
Jette un cri vers le ciel, ô chantre des enfers,
Le ciel même aux damnés enviera tes concerts...
Laisse aux fils de la nuit le doute et le blasphème:..
Viens reprendre ton rang dans ta splendeur première
Parmi ces purs enfants de gloire et de lumière
Que d'un souffle choisi Dieu voulut animer
Et qu'il fit pour chanter, pour croire et pour aimer !»

LAMARTINE. — « A Lord Byron, poète
anglais, alors irréligieux.
Hachette et Cie, editeurs·

b) La négation :

« Il faut vraiment de la vertu pour n'être pas dévot.
Comment ? Toutes les portes de ce monde ouvertes et
celles du ciel par surcroît... C'est nous, libres penseurs, qui sommes les désintéressés, les généreux ; nous
faisons de la vertu pour rien. Nous ne la vendrions
pas, dût-elle même nous être payée en monnaie de pa-
radis... Je me laisse aller avec d'autant plus d'abandon
à ma haine contre la religion que je sens que cette
haine est généreuse et qu'elle a ses racines dans les
parties les plus élevées de mon être. C'est mon amour
pour le bien, pour la justice et l'humanité qui me rend
hostile à ces monstruosités d'égoïsme et de fanatisme
auxquelles tout dévot, s'il est conséquent avec lui-même,
ne peut échapper ».

Mme ACKERMANN. — *Pensées d'une
solitaire.*
A. Lemerre, Editeur.

c) Le doute :

« La Science, il est vrai, pèse et voit nos misères.
Nous n'en souffrons que plus pour les connaître mieux !
Et toi, ciel insondable, au sourire hypocrite,
T'avons-nous pas assez, fatiguant nos genoux,
Harcelé de soupirs lamentables et doux
Pour savoir si quelqu'un te parcourt et t'habite,
Si celui-là nous aime et ce qu'il veut de nous ?
As-tu jamais daigné nous répondre à voix claire ? »

Georges Lafenestre — Images fuyantes.
A. Lemerre, Editeur.

« Alors il était nuit et Jésus marchait seul,
Vêtu de blanc, ainsi qu'un mort de son linceul ;
Les disciples dormaient au pied de la colline ;
Parmi les oliviers, qu'un vent sinistre incline,
Jésus marche à grands pas, en frissonnant comme eux,
Triste jusqu'à la mort, l'œil sombre et ténébreux,
Le front baissé, croisant les deux bras sur sa robe,
Comme un voleur de nuit, cachant ce qu'il dérobe,
Connaissant les rochers, mieux qu'un sentier uni,
Il s'arrête en un lieu nommé Gethsémani.
Il se courbe à genoux, le front contre la terre ;
Puis regarde le ciel en appelant : « Mon père ! »
— Mais le ciel reste noir, et Dieu ne répond pas ».

A. de Vigny. — Le Mont des Oliviers
(édition définitive). Calmann-Lévy, éditeur!

B. — « *La Sorcière*, le drame de M. Sardou, replonge
dans l'horreur des bûchers, des tortures, du sang versé
dans les monstrueux procès que, pendant des siècles,
imposa la superstition. Quand on pense que le cauche-
mar de la sorcellerie ne se dissipa vraiment qu'au seuil
du XVIIIe siècle ! Quand on pense que, en France même,
durant la partie fastueuse et triomphante du règne

de Louis XIV. on brûlait encore, en Guyenne, en Normandie, en Lorraine, en Franche-Comté, des centaines de malheureux, sous la seule inculpation de commerce avec les démons !... C'est par monceaux que nos archives possèdent des dossiers de procédures contre les sorciers. Il y a des enfants de cinq ans condamnés au feu. L'extrême jeunesse ne désarme pas les juges. Des morts sont exhumés pour être traînés sur le bûcher. Des aveux de crimes imaginaires sont arrachés par les moyens les plus atroces. Le soupçon seul de sorcellerie, et sur un seul témoignage, autorise les tortures. Et quelles effrayantes absurdités recueillent gravement les greffiers. Les récits d'apparition du diable sont effarants d'imbécillité. Les impossibilités matérielles ne comptent pour rien. Ce sont des fous ou des simples d'esprit qu'on envoie à la mort !

Le Petit Parisien. — 16 déc. 1903

« Un fait divers a ramené l'attention sur les pratiques de sorcellerie. Le public y était préparé. Ne joue-t-on pas en ce moment une pièce de M. Sardou qui s'appelle *La Sorcière* ? L'affaire qui a servi d'occasion à ce regain de mysticisme a plus de rapport avec l'escroquerie qu'avec la sorcellerie. Néanmoins, l'hypothèse de l'action magique a été acceptée d'abord avec complaisance par toutes les imaginations romanesques...

La dame M..., de Choisy-le-Roi, la triste héroïne de cette histoire, n'a pas eu besoin de beaucoup d'imagination pour s'emparer de la confiance de sa victime. Celle-ci était une vieille femme, d'esprit faible, usée par les ans, secouée par la mort de son mari : proie facile pour le « Médium » qui lui avait promis de lui faire entendre chaque soir la voix du regretté défunt et

de la tenir avec lui en communication constante. De
là à donner, par l'organe du mort, des conseils tes-
tamentaires, il n'y avait qu'un pas. La dame M..: le
franchit avec aisance. Elle arriva même à con-
vaincre la veuve que sa mort ne tarderait pas. La veuve,
inconsolable, en vint à souhaiter la fin de ses souffrances, à en prévoir le moment avec une telle précision que, un beau matin, elle ne se réveilla pas, La
justice dira dans quelle mesure cette mort fut naturelle ou criminelle. Elle ne paraît pas en tous cas avoir
été surnaturelle ».

Le Petit Parisien. — 11 janvier 1904.

Un paysan de Pagani (province de Palerme) ren-
tre un beau jour chez lui et raconte à sa femme qu'il
a rencontré dans la campagne un individu qui lui
a dit :

— Fouille la terre à tel endroit ; reviens ensuite
au bord de ce trou à minuit, l'heure du sabat des
démons ; arrose le terrain creusé avec le sang d'un
petit enfant : tu trouveras un trésor !

A ce récit de son mari trop crédule, la paysanne, aussi
crédule que lui, saute de joie. Enfin, on va donc être
riche ! Toutefois un scrupule la prend : est-il bien
nécessaire de tuer un enfant innocent ? Si on trompait
le diable ? Et notre paysanne de proposer à son mari
de prendre un gros pigeon, de l'emmailloter comme un
bébé et d'aller le saigner sur la fosse : le diable,
sans doute n'y verra que du… sang.

Le mari accepte cette combinaison, il se munit
d'un pigeon l'emmaillote, attend minuit, se rend à la
fosse au trésor, coupe le cou de son pigeon, en répand

consciencieusement le sang à terre, et, se baissant, il ramasse en effet une poignée de petits objets qu'il prend d'abord dans son aveuglement pour des pièces d'or. Il regarde mieux : hélas ! sa main est pleine de vieux sous. Cependant, de l'ombre épaisse, derrière un buisson, une voix caverneuse sort, qui crie au paysan :

— Ah ! ah ! Tu as cru me tromper en tuant un pigeon au lieu d'un enfant ! Eh ! bien, maintenant, si tu veux le trésor, tu devras m'apporter treize enfants, et non plus un seul !

La voix se tait. Bruit de chaînes remuées derrière le buisson. Le paysan épouvanté détale à toutes jambes, revient chez sa femme, et.... la mauvaise plaisanterie finit là, direz-vous ? Erreur : elle commence à peine.

En effet, loin de réfléchir qu'ils ont été victimes d'un fumiste, le paysan et sa femme ont résolu de tuer les treize enfants demandés, ils se sont mis à leur recherche et il n'a pas fallu moins qu'une dénonciation du fumiste, enfin alarmé — dénonciation adressée au syndic de Pagani, — pour empêcher ces deux pauvres d'esprit d'exécuter le plan tragique qu'ils avaient conçu.

Le Petit Parisien. — 20 juillet 1904.

C. — « Il y a dans notre pays un homme qui porte un titre sacré. Il s'appelle le directeur des cultes. Il étend la main sur la cathédrale, le temple et la synagogue ; il administre le tabernacle où sont renfermées les saintes espèces, l'Autel nu de la confession d'Augsbourg et les tables de la Thorah. Il reconnaît trois vérités augustes. Pourquoi n'en reconnaît-il pas quatre ou cinq ou même davantage ? Il est catholique, juif, luthérien. Pourquoi n'est-il pas musulman ? C'est la religion la plus répandue sous le drapeau français. Pourquoi n'est-il pas bouddhiste, fétichiste, guèbre ? Il administre trois cultes. Pourquoi n'administre-t-il pas tous les cultes ? Si vous le lui demandez, il vous répondra sans trouble qu'il y a dans son bureau des cartons verts et des layettes pour les évêques, les pasteurs évangéliques et les rabbins et qu'il n'a ni layettes ni cartons verts pour les lamas, les muezzins et les bonzes ; que trois religions seulement constituent de la matière administrative, que toutes les autres n'en constituent pas, qu'il y a trois religions de bureau, qu'il y en aura toujours trois, car les attributs des bureaux sont l'immobilité et la durée. Bonaparte l'a voulu. En vertu de la loi du 18 germinal an X, le ministre des Cultes, comme le père de la belle parabole juive, a trois anneaux. Il ne nous dit pas quel est le bon, en quoi il est sage. Mais s'il en a plus d'un pourquoi n'en a-t-il que trois !:..

Les millions des cultes ne sont pas seulement une question de budget. C'est une affaire qui intéresse la liberté de conscience. Faisant de la religion un service public, vous lui assurez la faveur de l'administration et le respect des administrés. Bien plus, vous reconnaissez l'autorité du Pape par le seul fait que vous négociez avec lui. Vous le reconnaissez au spirituel comme au temporel. Et M. l'évêque Bardel a pu vous dire ;

« L'Etat en traitant avec l'Eglise, reconnaît de ce fait son existence, son action, ses droits, et jusqu'au caractères surnaturel de son origine et de sa fin ». Du fait du Concordat, l'Etat laïque croît et professe la reli-

gion catholique apostolique et romaine. Est-ce là se
conformer au droit public d'une démocratie qui ne
reconnaît pas de domination confessionnelle ? »

A. France. — *Discours*, 27 nov.1904.

« Le jour où l'Etat retira à l'Eglise la tenue des
registres de l'état civil, le jour où il substitua à la
paroisse la commune et au curé le maire laïque, il
accomplit une réforme considérable qui ne fait que
poursuivre ses effets devant nous.... Plus tard s'accomplit la seconde étape de l'évolution qui a son point
de départ dans les principes de la Révolution française. La troisième République vota la laïcité de l'enseignement public. Que voulait-elle sinon assurer le respect de l'enfance, si souple, si maniable, si accessible
à toutes les influences, en s'opposant à ce que l'école
de l'Etat fût l'école du dogme, en s'opposant à ce que
l'école de tous devînt la chapelle de quelques-uns ?
Cette réforme est-elle moins considérable que celle que
l'on nous propose aujourd'hui ? Sincèrement, je ne le
crois pas.... Dans dix ans, les conservateurs les plus
avérés, les cléricaux les plus ardents n'oseront pas
demander que l'on revienne au régime Concordataire
que nous allons prochainement abolir ».

M. Steeg. — *Conférence*, 16 avril 1905.

« A priori, la loi n'est pas schismatique, puisque le
pape a réuni un congrès d'évêques pour en examiner les conséquences. C'est déjà un grand point. Certes
elle aurait pu être meilleure et il aurait été désirable
qu'on laissât aux fabriques l'administration de certains
biens. Il ne s'agit pas d'une bien grosse somme d'ailleurs ; enfin plaie d'argent n'est pas mortelle. Le malheur est, d'une part, que le pape est prisonnier d'un

clan qui l'empêche d'entendre ι. de parler, et, d'autre part, que les catholiques sont, en grande partie, aveuglés par de mauvais journaux qui entretiennent entre Rome et Paris tout un système de dépêches et de nouvelles tendancieuses ».

Interview de M. l'abbé Lemire, député du Nord, après le vote du projet Briand, portant séparation des Eglises et de l'Etat.— *Le Matin*, 3 juillet 1906.

CHAPITRE XII

───

OBLIGATIONS SOCIALES
CONSÉQUENCES DE LA LOI DE SOLIDARITÉ

A) *L'individu.*

Nous avons parlé de la vie spirituelle de l'homme. Etudions maintenant les droits relatifs à sa *vie matérielle* ; elle est la condition de son activité intérieure dont elle détermine le sens et l'intensité.

Si, abandonnant le point de vue auquel nous nous sommes placés dans notre esquisse sur la solidarité, nous nous demandons à quelle condition l'existence est possible pour l'individu, cette réponse nous vient immédiatement à l'esprit : à la condition de posséder. *L'existence « postule » la propriété.*

Qu'est-ce donc que la propriété ? L'ensemble des richesses que possède l'individu, richesses dont il peut disposer librement. Cette possession n'est pas seulement un fait, elle est encore un *droit* reconnu, garanti par la société. Aussi le *vol* est-il doublement criminel. Qu'il s'agisse du vol par violence, dont nous entretiennent les « faits divers », ou de cette forme plus moderne et plus raffinée du vol, dont l'ingéniosité défraie la « chronique des tribunaux », la faute est également grave : l'agresseur qui attaque brutalement sa victime n'est pas plus coupable que l'escroc qui, par des artifices et d'alléchantes promesses, capte la confiance des naïfs, s'approprie leur épargne et finalement les ruine.

Bien que la justification du vol soit un paradoxe insoutenable, il n'est pas rare qu'on plaide en sa faveur les *circonstances atténuantes* : les conditions dans lesquelles il a été commis, la personne même du coupable, sa situation précaire, le motif louable en soi qui l'a poussé à s'approprier le bien d'autrui sont autant d'excuses ; la défense ne manque pas de les faire valoir et les juges, quelquefois, les prennent en considération. Cette indulgence, contre laquelle sont tentés de s'élever quelques esprits chagrins, plus jaloux de leurs droits que soucieux de leurs devoirs, témoigne de préoccupations pendant longtemps étrangères aux économistes et aux hommes d'état, préoccupations qui sollicitent les meilleurs esprits de notre temps et s'imposent à la réflexion de tous : — la répartition des richesses est-elle toujours équitable ? La misère imméritée de certains n'est-elle pas l'indice d'une organisation défectueuse ? (A)

Telle se pose la *question sociale*. Elle est née moins de l'inégalité des conditions, que de la choquante disproportion des efforts et des résultats dans ce qu'on est convenu d'appeler la lutte pour la vie. Les privilégiés de la fortune peuvent, sans travail, satisfaire à leurs besoins, mieux encore, à leurs caprices. Ceux à qui le destin a refusé ses faveurs ont beau s'évertuer ; c'est à peine si, par un labeur opiniâtre, ils peuvent faire face aux besoins les plus pressants (B). Si nous songeons que la misère, outre qu'elle est en soi un mal, est la cause immédiate et singulièrement efficace de toutes les souffrances physiques et morales nous ne serons pas surpris d'apprendre qu'en Angleterre, par exemple, la durée moyenne de la vie — qui est, dans les classes riches de 55 à 56 ans — s'abaisse à 28 ans dans les classes pauvres, et que, dans tel quartier pauvre de Paris (Montparnasse) la mortalité annuelle est de 43 pour 1000, tandis que, dans le quartier des Champs-Elysées, la proportion n'est que de 10 pour 1000.

Si l'inégalité sociale résultait invariablement de *l'intempérance ou de l'imprévoyance*, la question pourrait intéresser le moraliste, elle ne retiendrait pas l'attention du sociologue. Mais la situation précaire de certains n'a pas pour origine ces habitudes néfastes ; on ne peut l'expliquer que par une *exploitation* injuste, résultat de la *concurrence effrénée* ou du *chômage*, ou par ce que les économistes appellent la *disproportion de l'offre et de la demande*.

Les ouvriers dont le travail n'est pas assez rémunéré sont nombreux. Il semble bien que pour ceux-là la société doive faire quelque chose, car « si dans la libre lutte pour l'existence le fort détruit le faible, si c'est le spectacle que nous offre l'indifférente nature, ce n'est pas pour en rester là que les hommes sont en société. La liberté humaine est un principe, le droit à l'existence en est un aussi, nécessairement antérieur à tout autre, et l'Etat doit le garantir avant tout autre. » (Léon Bourgeois : Solidarité). — Malheureusement, il est plus facile de constater le mal que d'indiquer le remède. Sans doute il est désirable que chacun possède en raison de la somme de travail qu'il fournit, en raison de la somme d'énergie qu'exige ce travail, en raison aussi des connaissances et de l'habileté qu'il suppose. Mais, la règle ? Comment combiner ces données si diverses ? Comment évaluer le mérite de chacun ?

Il y a là des difficultés pratiques ; il convient de les signaler. Faut-il abandonner pour cela tout espoir de solution ? Non ; les quelques réformes déjà réalisées, les sages réglementations auxquelles ont collaboré, d'un commun accord, patrons et ouvriers semblent justifier les prévisions les plus optimistes : elles témoignent d'une égale conscience de la gravité du péril et d'un commun désir d'amélioration.

COMPLÉMENTS

1º Conditions matérielles de l'activité humaine.

2º La propriété (*jus utendi et abutendi*) — intervention progressive de l'Etat

Le trust. — Résultat de la concentration des industries en un petit nombre de grandes entreprises et de la concentration des capitaux entre les mains d'un petit nombre d'individus.

Les avantages théoriques du trust : réduction des frais généraux, utilisation plus complète des moyens de production, par suite accroîssement de la productivité, abaissement du prix des objets de consommation.

Mais, en fait, le trust, étant une entreprise privée et une opération financière, recherche les avantages de la coopération pour lui-même et en fait profiter ses seuls commanditaires. Il devient alors une machine de guerre dressée par quelques privilégiés, détenteurs d'un monopole de fait, contre la masse des consommateurs impuissants. Les aspirations tyranniques du trust — les conditions draconiennes qu'il impose aux producteurs de matière première dont il est bientôt l'unique client, aux entrepreneurs de transport, que sa puissance financière rend dociles à ses desseins — les produits qu'il livre à la consommation, quand la suppression de toute concurrence fait de lui le dispensateur unique des objets de première nécessité ; et nous ne disons rien des spéculations financières qui viennent se greffer sur ces entreprises, pour les vivifier ou les anéantir — témoin le récent krach des « Trust Companies » américaines, dont le président Roosevelt dénonça si courageusement les abus.

3º Le principe de la liberté individuelle et le principe du droit à l'existence.

4º Le deuxième exige l'intervention constante de la société pour régler certaines questions économiques, qui, naguère librement débattues entre les intéressés, ont abouti aux inégalités flagrantes dont nous sommes témoins.

5º Dangers qui menacent le travailleur : l'exploitation (avantages illégitimes — « salaires de famine »). La concurrence (abaissement des salaires, surmenage). Les découvertes, le caprice, la mode. (L'offre supérieure à la demande).

6º Constitution progressive d'un droit économique fondé sur ces principes :

I. — Droit à l'existence.

Enfants. — Protection de l'enfance en bas-âge : gouttes de lait, crèches, assistance médicale gratuite, cantines scolaires, limitation des heures de travail dans les ateliers et dans les usines (Loi sur le repos hebdomadaire, août 1906).

Adultes. — Œuvres de mutualité et d'assistance (participation de l'individu et de l'Etat).

Assistance aux vieillards et aux incurables (Loi de 1905, appliquée intégralement dès 1907).

II. — Droit au travail.

Chômage et « lock-out ». Le paupérisme : 3 catégories d'indigents :

a) Les impuissants (estropiés, anémiés, invalides) ;

b) Les affamés (les « sans-travail ») ;

c) Les paresseux (« les frelons de la ruche humaine »).

III. — Droit au produit intégral du travail.

Syndicats. Coopératives de production (C).

LECTURES

A. — « En France et hors de France, les questions de politique pure cèdent le pas aux discussions sociales et les succès électoraux des divers groupes socialistes en Allemagne, en Belgique, en France, permettent d'annoncer l'heure prochaine où dans les assemblées, les majorités et les minorités se grouperont exclusivement sur le terrain de la lutte économique et pourront prendre pour unique mot d'ordre la solution « libérale » ou « socialiste » du problème de la distribution de la richesse »

Léon Bourgeois : *Solidarité*, 1896.
A. Colin. Editeur.

Pour prouver la justesse de cette remarque il suffit de citer le cas des socialistes sans épithète et des « socialistes chrétiens », partis de deux points opposés de l'horizon politique : « Congrès », d'une part ; de l'autre, « Semaines Sociales » (Lyon 1904 — Orléans 1905 — Dijon 1906).

B. — La formation de la richesse d'après Karl Marx : — A l'origine, le commerce se réduit à l'échange d'où la formule :

$$M \text{———————} A \text{———————} M$$
(marchandise) (argent) (marchandise)

Bientôt naît un autre mode de circulation où ce n'est plus l'argent mais la marchandise qui sert d'intermédiaire :

$$A \text{———————} M \text{———————} A$$

Les deux extrêmes ayant la même forme économique, cette formule serait tautologique, s'il n'y avait entre eux différence quantitative et si, en réalité, le 2e A ne représentait la somme primitive plus un surcroît, un « incrément » ou *plus-value.* D'où la formule générale du capital.

$$A \text{———————} M \text{———————} (A + \Delta A)$$

« L'homme aux écus » découvre sur le marché une marchandise qui non seulement réprésente une valeur mais peut créer de la valeur, et cela indéfiniment. Cette marchandise protéiforme, aisément convertible, aisément échangeable, c'est la *force de travail* (ensemble des facultés physiques et intellectuelles que l'homme met en mouvement pour produire des choses). S'il ne consomme cette force qu'autant qu'il est nécessaire pour lui faire produire en marchandise l'équivalent de ce qu'elle représente en argent, il y a simple *production de valeur*. S'il dépasse cette limite il y a *exploitation* de la force de travail et par conséquent plus-value. D'où cette proportion : « La plus-value est au capital variable (partie du capital transformé en force de travail) ce qu'est le surtravail au travail nécessaire.

$$\frac{P}{V} = \frac{\text{surtravail}}{\text{travail nécessaire.}} »$$

Le mode de production capitaliste ayant pour unique objectif la production de la plus-value, la *journée de travail* n'aura d'autre limite que les bornes physiques de la force de travail. Viennent le machinisme et la grande industrie, le labeur quotidien n'en sera pas allégé ; car, selon la logique du mode de production capitaliste, la machine, comme tout autre développement de la force productive du travail, ne doit tendre qu'à diminuer le prix des marchandises et à augmenter le rendement. De plus, la force musculaire devenant inutile grâce à la réduction de l'effort à son minimum ce ne sont plus seulement des hommes que le capitaliste achète sur le marché mais encore des femmes, des enfants : « La machine, en augmentant la matière humaine exploitable, élève en même temps le degré de l'exploitation ». Il en résulte, outre des crises économiques, une dépréciation de la valeur force de travail ; et l'ouvrier, ne sachant à qui s'en prendre, accuse la machine, incapable qu'il est de distinguer entre la machine et son emploi capitaliste, entre le moyen matériel de production et la *concurrence*, forme concrète de l'attraction des capitaux individuels qui, semblables à autant de foyers d'accumulation et de concentration, tendent d'eux-mêmes à réduire leur nombre et aboutissent fatalement, en vertu de leur propre loi, à la « centralisation proprement dite ».

Etant données l'intensité et la productivité du travail, le temps que la société doit consacrer à la production matérielle est d'autant plus court et le temps disponible pour le libre développement des individus d'autant plus grand, que le travail est distribué plus également entre tous les membres de la société, et qu'une couche sociale a moins le pouvoir de se décharger sur une autre de cette nécessité imposée par la nature. Dans ce sens, le raccourcissement de la journée trouve sa dernière limite dans la généralisation du travail manuel. La société capitaliste achète le loisir d'une seule classe par la transformation de la vie entière des masses en temps de travail ».

Karl Marx : Le Capital.
E. Flammarion, Editeur.

« Comment expliquez-vous ce prodigieux écart entre la fortune énorme des uns et le néant de fortune, le néant social des autres ? Est-ce que vous l'expliquez par hasard, par une différence dans la puissance du tra-

vail et dans l'habitude du labeur ? Allez-vous dire qu'il
n'y a eu que travail et que peine au sommet de cette
échelle de milliards et qu'il n'y a eu qu'oisiveté, paresse
et incapacité dans la grande classe productrice ? D'où
vient donc cet écart ? Simplement de ceci, c'est que
les uns, en vertu de la constitution actuelle de la propriété, possédant le capital sans lequel les autres ne
peuvent ni travailler, ni vivre, possédant les vastes
domaines, les usines, les mines, les chantiers, les mai-
sons à loyer, prélèvent ainsi un tribut incessant, une
dîme incessante sur le travail productif de millions et
de millions de citoyens. Eh bien ! nous, nous vous disons :
allez-vous condamner éternellement ceux qui produisent à subir cette forme de propriété ? Et une société
où les moyens de travail, tous les moyens de travail,
la terre, les usines, les chantiers, seraient possédés
non par une minorité de capitalistes dirigeants mais
par la totalité des producteurs eux-mêmes groupés et
fédérés, est-ce que cette société ne serait pas meilleure,
plus juste, plus humaine ? »

> Discours du citoyen JAURÈS à la Cham
> bre des Députés. Juin 1906.

«... Si l'Eglise comprend ainsi la propriété individuelle,
si elle fait en quelque sorte du riche un simple délégué n'ayant reçu une part plus considérable d'une propriété qui était jadis commune que pour distribuer
à ceux qui n'avaient rien ce qui leur était nécessaire,
quelle sentence terrible ne porte-t-elle pas contre ceux
qui ne voient dans leurs richesses que le moyen d'en
acquérir d'autres sans travail ! Depuis le « qui non
laborat non manducet » de St- Paul jusqu'aux protes-
tations enflammées des Pères de l'Eglise que répètent
tous les grands sermonnaires chrétiens, on n'entend

qu'une condamnation contre le riche oisif. Le Capita-
lisme, c'est-à-dire l'usure, « l'exécrable fécondité de l'argent », est voué à l'anathème sous toutes ses formes:..
Celui qui, sans travail, double son capital en quelques
années est un usurier ; il a pris à la collectivité plus qu'il
ne lui a donné. Dans une brochure fort remarquable « Le
dernier mot du socialisme par un catholique », la question est très clairement résumée : — Un homme possède
200.000 fr. en immeubles. Voilà sa propriété, son bien:
Cet homme ne se livre à aucun travail productif, il
reste complétement oisif. il ne se crée donc par lui-
même aucune valeur qui puisse ajouter un centime
à ses 200.000 fr. de fortune. Cet homme dépense 10:000 fr:
par an, ce qui fait exactement 200.000 fr. en vingt ans.
S'il ne dépense que son propre bien, il est évident
qu'il ne possèdera plus rien la 21e année. Mais avec
le revenu ou l'intérêt du capital, cet homme dépen-
sera éternellement ses 10.000 fr. par an et si nous le faisons mourir à la 60e année de sa jouissance, je suppose,
il aura déboursé 600.000 fr. Or, celui qui ne possédant
que 200.000 fr. et n'ayant pas gagné un centime de plus
par son propre travail a cependant dépensé 600.000 fr.
a nécessairement, inévitablement, pris à d'autres les
100.000 fr. qu'il a dépensés en plus de sa fortune.

Drumont : La Fin d'un Monde.
Stock, éditeur.

C. — « Entendez-vous les enfants qui pleurent, ô mes
frères, avant que le chagrin vienne avec les ans. Ils
appuyent leurs jeunes fronts sur leurs mères et cela
même ne peut arrêter leurs larmes. Les jeunes agneaux
bêlent dans les prairies, les jeunes oiseaux gazouillent
dans les nids, les jeunes faons jouent avec les ombres,

les jeunes fleurs s'épanouissent à l'occident. Mais les
jeunes enfants, ô mes frères ils pleurent amèrement
Ils pleurent à l'âge où les autres jouent, et cela, dans
un pays libre.

Ils lèvent les yeux ; ils sont si pâles, si amaigris,
que leur mine fait peine à voir, car l'angoisse de la
vieillesse tire et déprime les joues de l'enfant : « Votre
vieille terre, disent-ils, est bien triste ; nos jeunes pieds,
disent-ils, sont bien faibles ; nous n'avons fait que
quelques pas, et pourtant nous sommes fatigués... Nos
genoux tremblent quand nous nous baissons, nous tom-
bons par terre quand nous essayons de marcher ; sous
nos paupières lourdes et alanguies la fleur la plus
brillante paraîtrait pâle comme la neige, car, toute la
journée, nous peinons, traînant notre fardeau à travers
les ténèbres de la mine ; ou bien, toute la journée, nous
conduisons les roues de fer des usines, les roues qui
tournent sans trêve. »

Mrs Browning : Les enfants pleurent.

Vers la même époque (1845), Fr. Engels, ami et con-
tinuateur de Karl Marx, publie sur la « Détérioration
physique et morale qu'amène l'exploitation capitaliste
du travail des femmes et des enfants » : « La situation des classes ouvrières en Angleterre ».

La loi britannique de 1833 interdit le travail de nuit
dans toutes les industries textiles pour les adultes au-
dessous de 18 ans. En 1847 elle limite à 10 heures
leur journée de travail ainsi que celle des femmes.
De 1860 à 1867 cette réglementation de la journée de
travail des mineurs et des femmes fut étendue aux autres
industries.

La loi française de mars 1841 n'interdit le travail de nuit

qu'aux enfants au-dessous de 13 ans. La loi de mai 1871 l'interdit aux enfants au-dessous de 16 ans et aux filles mineures. Dans les deux cas la journée des mineurs âgés de plus de 12 ans est limitée à 12 heures. La loi du 2 nov. 1892 impose pour les jeunes gens la journée de 10 heures et limite à 11 heures celle des femmes.

« La réglementation qui limite la tâche à 10 heures dans les fabriques laisse en dehors de sa sphère d'action l'industrie de l'alimentation et l'industrie à domicile.

On a calculé qu'à Paris seulement les industries alimentaires occupent 20.000 apprentis de 12 à 18 ans. Cette armée d'ouvriers enfants est retenue à la besogne durant 15, 18, parfois 20 heures.... Ce serait commettre une criante injustice que de rendre les patrons responsables de cet état de choses. Il leur faut bien astreindre leurs apprentis au régime qui prévaut autour d'eux, sous peine de perdre leur clientèle et d'être ruinés par leurs concurrents. Au fond, les véritables auteurs de cet effroyable surmenage, les criminels, en l'espèce, c'est vous, c'est moi. En prenant leurs précautions, en s'imposant certaines obligations, les consommateurs pourraient améliorer le sort de ces enfants qu'ils sont les premiers à plaindre. Chacun de nous a une action sociale à exercer dans sa sphère. Chacun de nous à une tâche de bonté à accomplir ».

Le Petit Parisien, 7 juin 1904.

« *Les coopératives* ont accompli ce tour de force de faire passer dans les mains mêmes du travailleur cet instrument indispensable de toute production qui s'appelle le capital. Ce ne sont pas des utopistes que ces coopérateurs, Messieurs : ils ne méprisent pas le capital ils savent très bien que sans lui l'homme, avec ses seuls bras, est désarmé. Ils font bien mieux que déclamer contre le capital, puisqu'ils font du travailleur lui-même un capitaliste. Et ce que je dis des coopératives je le dis aussi de cette tentative si intéressante qu'on appelle la *participation aux bénéfices*. C'est la même idée sous une autre forme puisqu'il s'agit toujours d'intéresser l'ouvrier au résultat de son travail (ex : le familistère de Guise)... Notre premier soin doit être de hâter la transformation graduelle du salariat. Mais ce n'est pas assez de préparer un avenir meilleur au travailleur. Il faut nous occuper de lui dans le présent. Le travail est un champ de bataille sur lequel il y a des victimes, tous ceux que la vie a vaincus, ceux qui succombent sous le poids des infirmités ou des ans ; tout le monde aujourd'hui est d'accord pour leur tendre la main, tout le monde parle de l'assistance aux vieillards, aux infirmes, des retraites ouvrières. Mais ce n'est point assez de parler ; il faut aboutir ».

Paul DOUMER : *Discours prononcé au banquet organisé par la Chambre consultative des Associations ouvrières de production*, 14 mai 1904.

« Le devoir du travail s'impose à l'homme qui ne veut pas être le frelon dans la ruche humaine. Mais ce devoir du travail s'étend et se complète. Le travailleur, qui tient la vie de son travail, ne doit-il pas regarder au-delà du jour où il travaille ? Il doit songer aussi au jour où il ne pourra plus travailler. Le devoir du travail se double du devoir de prévoyance. Et ce devoir de prévoyance a deux aspects, selon qu'on le considère pour l'individu ou pour la société. Pour l'individu, il consiste à songer au lendemain ; pour la société, il consiste à aider l'individu dans cette tâche et à la lui rendre possible ».

M. MABILLEAU, Président de la Fédération nationale de la Mutualité française. *Conférence faite à Amiens*, 20 nov. 1904.

Chapitre XIII

OBLIGATIONS SOCIALES
CONSÉQUENCES DE LA LOI DE SOLIDARITÉ

B) La Famille.

Travailler avec ses semblables à une œuvre sociale commune, ne pas se borner à ne pas les exploiter, mais encore les aider dans les conjonctures difficiles : telle est la loi. Elle s'impose à tout homme, dans quelque milieu qu'il vive. Mais, bien que l'humanité dépasse les limites étroites entre lesquelles se meut l'individu, ce dernier ne se trouve-t-il pas, en fait, *engagé dans certains groupements ?*. Ces groupements ne sont qu'une infime partie de l'agrégat social, mais ils ont reçu une consécration légale, ils sont devenus des *institutions*, fondées sur la nature, — disent les uns, — sur une convention, — disent les autres, — institutions qui reçoivent l'individu, dès la naissance, le forment à leur image, et laissent en lui des impressions d'autant plus profondes, qu'il les subit à l'âge le plus tendre. Quel est le rôle moral de ces institutions ? Comment et dans quelle mesure peuvent-elles aider l'individu à réaliser les fins que la raison lui prescrit ?

La Famille. — Elle est comme un état dans un état, une association particulière dans la vaste société humaine. Elle offre cet avantage de rendre plus étroitement unis ceux qui la constituent et de favoriser ainsi l'éclosion de sentiments naturels et légitimes qui ne peuvent que difficilement se manifester dans l'ensemble.

La famille a-t-elle toujours été comprise de la même façon ? Non. Chez les anciens, un seul être la résume, un seul être vit en elle : *le père*. Il est le chef incontesté et toujours obéi. Il dispose à son gré des personnes et des biens ; c'est le maître absolu, qui rappelle par certains côtés le despote oriental. Progressivement pourtant *la nation intervient* ; timide d'abord, elle n'en pénètre pas moins chaque jour davantage dans ce mystérieux intérieur où le chef de famille régnait en souverain ; elle limite son pouvoir, prévient ses caprices, lui demande compte de ses actes (A.) ; enfin, elle pose en face de ses droits absolus les droits, jusqu'alors méconnus, de ceux dont il a la charge (B). La famille, dont les représentants même les plus qualifiés étaient naguère les instruments passifs de la volonté d'un seul, se vivifie, s'anime, au souffle de cette généreuse rénovation sociale : le libéralisme s'installe au foyer familial, faisant des concessions toujours plus nombreuses au choix personnel, à l'initiative (C).

Cet affranchissement n'est-il pas un danger ? Oui, s'il doit aboutir à un individualisme intransigeant. Oui, s'il mène fatalement à la suppression de toute autorité par un respect superstitieux de l'indépendance de chacun. A voir quelles conséquences résulteraient d'un pareil état de choses, on se prendrait à regretter la solide organisation de la famille antique. En fait, *autoritarisme* et *individualisme* se suivent invariablement, comme l'action et la réaction ; mais l'individualisme n'est pas un état stable, et il porte en soi sa condamnation : l'être ne peut vivre par lui-même ; dès qu'il s'isole de ses semblables, par un souci d'indépendance ou de dignité mal entendus, il compromet son existence, à tout le moins son bien-être et, par là-même, sa moralité. L'individualisme n'est qu'une étape dans l'évolution de la famille ; c'est par la *synthèse des tendances contraires* que nous formerons sur elle la conception la plus rationnelle, la plus socialement utile, la plus conforme aux droits de la personne humaine : — La famille doit se fonder sur l'inclination et le libre choix des individus. Ceux qui la composent doivent, avant tout, s'inspirer de l'œuvre sociale à réaliser (l'esprit de famille et le népotisme, qui en est comme la forme aiguë). Bien que libres et égaux ils doivent, dans leur intérêt bien entendu, dans l'intérêt de la société, s'assigner des rôles différents : de cette division du travail naîtra un *solidarisme fécond*, précieux par ses résultats pratiques, précieux encore par l'appoint qu'il ne saurait manquer de donner à des affections domestiques naturelles et légitimes.

COMPLÉMENTS

La famille. — 1º Groupement de plusieurs ménages, parents et alliés (la famille antique) ;

2º Le chef de famille : ses attributions administratives, politiques, judiciaires ; ses droits sur les personnes et sur les biens ;

3º Intervention progressive de l'Etat (défense militaire, justice, instruction, protection de l'enfance, assistance aux vieillards, etc.) ;

4º Bienfaits de cette intervention : l'affranchissement des personnes (la femme, les enfants, dans la famille antique et dans la société moderne : suppression du droit d'aînesse ; droits égaux de tous les enfants à la succession de leur père ; l'autorité paternelle s'exerçant seulement jusqu'à 21 ans ; la solidarité des membres d'une même famille diminuée devant la loi et devant l'opinion : responsabilité individuelle).

5º Double danger : l'autoritarisme provoque, par une réaction naturelle, l'individualisme. — Solution : le solidarisme (l'œuvre commune, répartition équitable des devoirs et des droits).

LECTURES

A. — « Jusqu'à quel point un père peut-il exercer librement ses droits vis-à-vis de ses enfants ? Depuis plusieurs mois, les habitants de N.-M... et des villages environnants ont sous les yeux un bien triste spectacle Un bambin souffreteux et faible, âgé d'une dizaine d'années environ, traverse les rues offrant des allumettes aux habitants. Le pauvre petit doit marcher par toutes les intempéries, rien ne doit l'arrêter, c'est la volonté formelle de son père. Aussi chaque matin, le voit-on partir portant au bras une manne bourrée, véritable fardeau pour le petit misérable. Mais là ne s'arrête pas encore son martyre. Dernièrement, comme il faisait nuit noire, l'enfant fut rencontré pleurant sur un banc. Intérrogé par un passant, il déclara n'oser rentrer au logis sous prétexte que son père le battait quand il ne vendait pas toute sa marchandise. Et il lui en restait cinq bottes ! »

Le Pilote de la Somme, 10 fév. 1905.

B. — « La question de l'enseignement et de l'éducation donnés à l'enfance est-elle aussi grave qu'on a pu le prétendre ? Importe-t-il spécialement d'avoir été élevé par des moines et des prêtres ou par des laïques, par l'Eglise ou par l'Etat ? Les pouvoirs politiques. doivent-ils, par suite, s'efforcer de résoudre le problème de la liberté de l'enseignement ?

Il est beaucoup d'excellents esprits qui ont foi aux énergies personnelles et à la puissance de la raison par elle-même et qui n'ont pas peur de « l'empreinte ». Ils citent nombre de philosophes, de savants, de grands citoyens qui, de Voltaire à Renan, élèves des Jésuites ou du clergé, s'affranchirent vigoureusement du dogme et furent d'autant plus des hommes libres, qu'ils furent des hommes libérés, *ayant fait leur liberté.* D'autres, au contraire, pensent qu'il est bien difficile au commun des hommes d'effacer les impressions reçues, de se débarrasser des idées formées dès l'enfance.

A propos de l'abrogation de la loi Fal-
loux. La Raison, 8 juin 1902.

Le 1er Juin de la même année, M, Jean Rodes avait fait dans « La Revue blanche » une très intéressante enquête à ce sujet, en posant à un groupe d'écrivains et d'artistes les questions suivantes :

1º Dans quelle sorte d'établissement avez-vous été élevé ?

2º Quelle influence attribuez-vous à l'éducation reçue dans le développement de votre personne intellectuelle et morale ?

3º Que pensez-vous de la liberté de l'enseignement ? Faut-il selon vous la restreindre, voire la supprimer, ou, au contraire, lui donner plus d'extension ?

4º Que pensez-vous de l'usage qui est fait du mot « liberté » dans cette question de l'enseignement ?

C. — « Naguère la naissance était envisagée comme un bienfait. On se félicitait de mettre au monde des âmes et non des corps. Aujourd'hui la conviction courante n'est plus qu'on donne l'envol à des âmes, mais qu'on inflige la vie. Et voici venir l'obligation d'admettre que les parents ont des devoirs envers leurs enfants... En somme, la « Maison d'Argile » est une sorte de réplique à « Maison de poupée ». Le drame ibsénien soutient cette thèse qu'un être humain a le droit de vivre sa vie sans s'occuper des personnalités qui l'entourent. Je réponds : non. On ne doit jamais faire abstraction des personnalités environnantes. Cela ne veut pas dire que ma pièce est nécessairement dirigée contre le divorce, non ; mais elle l'est assurément contre l'abus qu'on en fait, car le divorce a pris des proportions que ne prévoyaient pas les législateurs de 1884 (loi Naquet)... C'est contre cet abus que j'ai essayé de m'élever en plaidant la cause des enfants ».

Le Gil Blas. Interview de M. Emile Fabre, auteur de « la Maison d'Argile », Comédie Française, 25 février 1907.

« Nous n'avons pas que des droits dans la vie, nous avons aussi des devoirs. Et quand on a infligé la vie à un enfant, on est devant lui comme un débiteur devant son créancier. »

Emile Fabre. *La Maison d'Argile.* Acte III.

ANNEXE

LE FÉMINISME

Principe. — La femme, étant *moralement* l'égale de l'homme, doit avoir *légalement* les *mêmes droits*.

Conséquences : 1o au point de vue politique : droit pour la femme de coopérer à la confection des lois, proposition que la citoyenne Olympe de Gouges énonçait dès 1791 sous cette forme énergique :

« La femme a le droit de monter à l'échafaud, elle doit également avoir celui de monter à la tribune » (Déclaration des droits de la femme et de la citoyenne). Tentatives faites dans ce sens par les Saint-Simoniens, par l'école socialiste de 1848 et, plus près de nous, par un groupe de femmes qui, à deux reprises (1880-1885), requirent leur inscription sur les listes électorales (A).

2o *Au point de vue social* : égalité et autonomie de la femme aux lieu et place du devoir d'obéissance et de la communauté légale édictés par le Code : régime égalitaire de la séparation de biens substitué au régime despotique de « la communauté », qui met à la disposition du mari, non seulement les revenus de la femme, mais encore son salaire et les économies qu'elle a pu réaliser sur le produit de son travail. Cette substitution, disent les féministes, il faut l'imposer, l'introduire de force dans le Code dont les articles, faits par des hommes à leur usage, consacrent l'immoral asservissement de la femme. Cette haine du Code tyrannique ne s'est jamais mieux manifestée qu'à l'occasion du centenaire de 1904 ; alors qu'une imposante cérémonie réunissait à la Sorbonne les sommités de la magistrature et du barreau, le Garde des Sceaux, célébrant la mémoire de Tronchet, de Préameneu, Portalis et Cambacérès, fut interrompu et pris à partie par une féministe militante qui clama du haut des gradins : « Le Code Napoléon, déshonore la République ; à bas le Code Napoléon ! ». A la sortie, un exemplaire de l'infortuné Code fut trouvé sur le trottoir, devant la porte de la nouvelle Sorbonne : on l'avait éventré avec des ciseaux ; et, comme si ce supplice ne suffisait pas, on organisait pour le soir un meeting de protestation contre la célébration du centenaire du Code civil.

3º *Au point de vue économique* : admissibilité de la femme à toutes les carrières d'où l'égoïsme de l'homme l'a exclue. C'est logique. Mais le champ d'activité restant le même, l'offre ne sera-t-elle pas supérieure à la demande ? Il y aura concurrence (abaissement des salaires et surcroît de travail) ; l'homme en sera plus mal : la femme n'en sera pas mieux.

Ce qu'il faut ? Trouver un terrain d'entente : répartir entre les deux sexes, suivant les aptitudes et les forces de chacun, les fonctions multiples de l'organisme social ; accorder à toutes même valeur et même dignité ; bref, ne pas donner dans cette erreur trop commune que l'égalité des êtres exige l'identité des droits et que confier à la femme la mise en valeur des richesses acquises par le travail de l'homme, c'est la traiter en « animal inférieur » et faire d'elle une « servante ».

Organiser une maison, créer un foyer où l'homme trouve confort et plaisir, cela ne se réduit pas à frotter le parquet et à faire la cuisine ; il faut des connaissances, du talent et du goût.

La femme doit devenir *l'auxiliaire et non la rivale de l'homme*, sa collaboratrice et non sa concurrente. Par ses connaissances économiques (C. D) et artistiques (connaissances scientifiques bien autrement fécondes que les « clartés de tout », dont parle le bonhomme Chrysale), elle s'assurera au foyer domestique, créé par ses soins et entretenu par son affection, une place singulièrement flatteuse pour son amour-propre. Science économique, science esthétique, voilà, au dire d'une femme de sens, le savoir vraiment féminin, seul capable d'initier la femme à son rôle essentiel de maîtresse de maison et de l'empêcher de tomber dans « la pétaudière des vanités cérébrales » (Mme LAMPÉRIÈRE : *Le rôle social de la femme*).

LECTURES

A. — « .т: Que si, non contentes de plaire par les grâces d'un esprit naturel, par des talents agréables, par
cet art de la société qu'elles possèdent sans doute à un
bien plus haut degré que les hommes, elles veulent encore étonner par des tours de force et joindre le triomphe de la science à des victoires plus douces et plus
sûres, presque tout leur charme s'évanouit. Le bonheur des femmes dépendra toujours de l'impression
qu'elles font sur les hommes, et je ne pense pas que
ceux qui les aiment véritablement puissent avoir grand
plaisir à les voir portant le mousquet et marchant
au pas de charge, ou régentant du haut d'une chaire,
encore moins peut être de la tribune d'un sénat. »

CABANIS : *Germinal an VII.*

B. — « On commence à faire pénétrer dans les lycées
de garçons une vérité qui eût du être la première à inspirer le lycée de filles : c'est que l'instruction
n'est qu'un moyen d'éducation ; c'est qu'on fait de
l'histoire de la géographie ou de la grammaire pour
assouplir et développer les facultés intellectuelles et
morales, comme on fait des haltères ou de la barre
fixe ou de l'escrime pour assouplir et développer les
muscles du corps. Celui qui a le mieux profité de la
leçon apprise n'est donc pas celui qui, sans effort, a

enregistré une date ou retenu un récit, ou appris une règle, ou dessiné une carte ; le profit de la leçon c'est l'effort même par lequel l'esprit s'étend, l'intellect se fortifie, le jugement s'assure, la conscience s'éclaire:..:. Nous souhaitons que l'enseignement des jeunes filles cesse d'être, comme il est actuellement, un terrain de culture pour le féminisme et devienne au contraire une certitude de développement pour l'activité et l'influence réellement féminines, dans toute la force que nous lui avons reconnue ».

Mme A. LAMPÉRIÈRE : Le rôle social de la femme.
F. Alcan, éditeur.

C. — (Marthe à Bartlett)..: « Quand vous admirez l'élégance d'une de nos salles de théâtre, vous ne vous doutez pas, M. Bartlett, de l'ingéniosité que plus d'une spectatrice a dépensée avant d'arriver à sa place. Plus d'une, je vous le dis, porte une toilette à laquelle le dernier point a peut-être été cousu une heure avant le lever du rideau. Le mari, en rentrant de sa journée d'affaires, a trouvé son linge prêt et son habit brossé mieux qu'il ne l'eût été par un valet de chambre, et l'on a même essayé le bouton du faux-col pour éviter l'orage redouté.... Les gants blancs seront très blancs ils auront été recousus et nettoyés par celle-là même qui les porte et vous ne vous en doutez pas, à la voir élégante et joyeuse, sous l'éclat de diamants qui sont faux, de perles qui sont fausses, mais qui ont l'air sur elle d'être vrais, tandis que de réels brillants deviennent douteux sur d'autres épaules:... Le lendemain matin on met de vieux gants pour aider la bonne ou la femme de ménage. Et l'on fait tout cela gaiement sans se croire une héroïne, parce qu'on a dans le sang du courage et de la bonne humeur ! Voilà le secret du bonheur sans fortune, M. Bartlett ! »

BRIEUX : *La Française*. Ac. IV. Odéon, 18 avril 1907.
Stock, Editeur.

D. — « On a beaucoup travaillé depuis 20 ans pour l'instruction des fillettes et des jeunes filles françaises. Mais, on ne s'est pas suffisamment préoccupé d'ajouter à cette instruction la préparation professionnelle au métier d'épouse et de mère. C'est dans le sens de cette préparation que les programmes maintenant devraient s'orienter. Pas plus qu'au temps de Molière, la France n'a besoin de femmes savantes. Mais des mères expérimentées, mais des épouses intelligentes, mais des ménagères compétentes, nous n'en aurons jamais assez... A Berlin, la société patriotique a fondé déjà sept écoles de cuisine, ayant chacune leur autonomie, mais créées sur le même modèle et réglementées par des statuts identiques. Ces écoles ne comptent jamais plus de 12 élèves. C'est de 6 h. du matin à 3 h. du soir, que se donne l'enseignement. Le principe en est excellent. On veut qu'en cours d'étude chaque élève ait fait elle-même un peu de tout.
Il faut être femme pour savoir de quelle variété d'occupations se compose le devoir d'une ménagère. Il est donc excellent que toutes les apprenties ménagères passent successivement par toutes ces occupations. Cuisinières, laveuses de vaisselle, nettoyeuses, blanchisseuses, repasseuses, elles sont successivement tout cela. Le profit qu'elles en peuvent personnellement tirer n'a pas besoin d'être souligné. Mais ce n'est pas elles seules qui en bénéficient. En effet, avec les repas que préparent les élèves, les cuisines de la société donnent à manger

moyennant le prix vraiment modeste de 30 pfennigs
(0 fr. 40) à des ouvriers et à des ouvrières travaillant
dans le voisinage. On a calculé que, sur chaque repas
servi, l'école gagne environ 10 pfennig. Ce petit excé-
dent lui permet de faire ses frais. La société sert ainsi
250.000 portions par an ».

Le Petit Parisien. — 26 Mai 1904.

CHAPITRE XIV

DEVOIRS INDIVIDUELS
CONSÉQUENCES DE LA LOI DE SOLIDARITÉ

A) *L'Etat*.

La famille antique, si complète et si riche, est
un raccourci de l'Etat. Mais ce groupement ho-
mogène ne peut subsister longtemps dans son
intégrité. Des éléments étrangers s'y ajoutent, ame-
nés par la conquête, les migrations, les rivalités
entre clans. Alors se produit un phénomène digne
de remarque, phénomène commun au monde physiologique et au monde moral ; les vainqueurs
s'assimilent les vaincus, les marquent de leur empreinte, leur imposent leurs lois. Ainsi élargie
par l'adjonction d'éléments hétérogènes, *la famille
devient la tribu*. Elle reconnaît pour chef le fondateur du clan ; celui-ci conserve toutes ses attributions. Les nécessités de l'existence, les incursions dont ils sont menacés, amènent plusieurs
chefs de tribu à former une confédération ; exclusivement militaire, à l'origine, cette confédération
devient bientôt politique. Les questions de pré-
séance, amiablement traitées ou réglées par les
armes, ont pour résultat l'avènement d'un chef

qui personnifie le groupe, dont il est comme la synthèse vivante, et impose à tous, comme des lois absolues, les coutumes, les mœurs, les opinions de son clan : un droit s'établit, supérieur aux individus, supérieur aux groupements autonomes que le chef de famille disciplinait à sa guise ; *une autorité unique* règle souverainement les questions militaires, politiques, religieuses (car, à l'origine, la religion ne se sépare pas plus de la nation qu'elle ne se sépare de la famille) : dès lors, l'*Etat est constitué*. « Lorsque les tribus se confédèrent et forment la nation ethnique, le culte des ancêtres, combiné avec les conditions politiques et militaires, donne une grande autorité au chef de la confédération. Il devient à la fois, le commandant militaire, le pontife religieux, le juge suprême. En un mot, le chef devient roi ». (Giddings : *Principles of Sociology*).

Pas plus que la famille l'Etat n'est immuable (A) : il se transforme, il évolue. Tout d'abord, animé de l'esprit de conquête ou préoccupé des soins de la défense, il groupe les énergies de la façon la plus efficace pour agrandir ou protéger le territoire commun : *l'organisation militaire* est l'unique préoccupation. Cette première période, qui n'offre qu'une ébauche de vie sociale, fut cependant le terme de l'évolution des grands empires d'Orient (Egypte, Assyrie, etc). Quand la sécurité règne, quand la stabilité de l'Etat n'est plus constamment menacée par les incursions étrangères et les dissensions intestines, l'attention se porte vers *l'organisation intérieure* ; négligée pendant la période combative, ou réduite à des mesures d'exception dictées par l'opportunité, elle se développe par la législation. Ce développement est-il indéfini ? Non, si nous en croyons l'exemple de certains états ; dans les dernières années de l'indépendance grecque, dans les derniers temps de l'empire romain, la législation fut stationnaire ; loin de travailler à mettre les prescriptions juridiques en harmonie avec les aspirations de la conscience et les conditions naturelles, on les considéra comme définitives, comme absolues. Ces règles, — toutes de contrainte, puisqu'elles ne correspondaient plus aux besoins du moment — eurent pour effet, ou des révoltes cruellement réprimées, ou une indifférence et un énervement qui favorisèrent la conquête. La plupart des états modernes de l'Occident se sont attachés *au perfectionnement des institutions et des lois.* Ils essayent, par une organisation sociale plus équitable, de combiner le principe d'obéissance, sans lequel un Etat ne peut vivre, avec le principe de la liberté individuelle : la tendance libérale, dont l'action, naguère, modifia si profondément la famille, se manifeste dans les rapports entre le pouvoir central et les individus.

Le sens de l'évolution de l'Etat marque la nature des changements survenus dans la forme du gouvernement. C'est du gouvernement que procèdent les lois ; c'est donc lui qu'il faut étudier si l'on veut en connaître l'esprit. Les trois modes de gouvernement sont : l'autocratie, l'aristocratie, la démocratie.

Le *gouvernement autocratique* est celui d'un seul homme dont la souveraineté s'exerce sans contrôle, et qui transmet à ses descendants son autorité et ses privilèges (royauté de droit divin, dictature militaire (B). Le régime *aristocratique* distingue plusieurs classes parmi les citoyens ; il crée des prérogatives en faveur de certains et fonde cette sélection sur la naissance (féodalité, noblesse) ; sur la fortune (systèmes censitaires de la monarchie constitutionnelle et du second Empire) ; sur la supériorité intellectuelle (l'Etat idéal, rêvé par les positivistes : le gouvernement confié aux savants)(C). Le régime *démocratique* proclame le principe de la souveraineté nationale, sans acception de classes, ni de personnes : il est le gouvernement du peuple par lui-même. Si tous les citoyens ne participent pas à la confection des lois, s'ils ne les votent pas directement, c'est que tous n'ont ni le temps, ni la compétence nécessaires pour étudier toutes les questions. Ils *délèguent leurs pouvoirs* à ceux qu'ils jugent capables de faire œuvre utile en leur nom et d'exprimer leurs volontés sans hésitation ni faiblesse (gouvernement représentatif, légitimité de la représentation proportionnelle actuellement préconisée ; les anomalies de notre loi électorale qui donne, par exemple, aux députés de Barcelonnette et de Castellane, élus respectivement par 1.747 et 2.171 voix, les mêmes droits et la même influence qu'aux députés de Guéret et de Versailles, élus par 17.057 et 17.013 voix).

Laquelle de ces trois formes est préférable en droit ? Accepterons-nous l'autocratie ? Non, car « le droit héréditaire, s'il peut faire oublier son horreur en amenant à la tête de l'Etat un homme de génie, se montre dans toute son injustice quand il introduit un monstre ou un imbécile ». (Thomas. *Principes de philosophie morale*). Passons condamnation sur l'aristocratie de naissance ou de fortune, dont rien ne justifie l'ingérence exclusive dans les affaires publiques. Puisque tous les citoyens ne sont pas également intelligents et instruits, n'est-il pas équitable que l'on donne à leur vote une valeur inégale et que l'on confie toujours les destinées d'un peuple à des hommes d'une supériorité intellectuelle incontestable ? Oui. Mais, comment déterminer le degré d'intelligence de chacun ; comment déterminer le coefficient de chaque vote ? D'autre part, n'est-il pas à craindre que cette aristocratie nouvelle se détache de la nation ? L'isolement de ces hommes de science, devenus conducteurs de peuples, n'aurait-il pas pour conséquence de les rendre étrangers aux préoccupations, aux désirs, aux opinions de la masse et d'imposer à celle-ci des mesures peut-être bonnes en soi, mais prématurées et inapplicables ? Pour qu'un gouvernement fasse œuvre utile, il faut qu'il soit constamment *en contact avec la totalité des citoyens,* en sorte que, par un perpétuel échange de vues existant entre eux et lui, les lois qu'il promulgue soient l'expression de la volonté générale. A quelle condition cet échange est-il possible ? A la condition que les gouvernants soient les mandataires du peuple et que la durée de leur mandat n'excède pas certaines limites (république démocratique). *Suffrage universel, renouvellement ou retrait périodiques des pouvoirs délégués* par la nation en-entière, telles sont les dispositions les plus propres à favoriser le progrès et à assurer ses conquêtes. Ce progrès, conséquence naturelle du libre jeu des institutions, ce progrès, sage, réfléchi, méthodique, est aussi éloigné des aventures révolutionnaires que du conservatisme rétrograde.

COMPLÉMENTS

A quelles conditions les magistrats électifs représenteront-ils l'opinion du corps électoral tout entier ? Deux conceptions :

1° *Système majoritaire,* comprenant le scrutin uninominal (élections cantonales, législatives, sé-

natoriales), et le scrutin de liste (élections municipales). Représentation exclusive des majorités, les
autres fractions de l'opinion étant considérées en
fait comme inexistantes.

Objections : La faible supériorité numérique des
voix accordées aux élus sur celles que réunissent
parfois leurs concurrents évincés — le nombre
d'électeurs privés de représentants — la possibilité d'une élection unilatérale, sans contrôle ni
contre-poids, provoquée par des événements « à
côté » artificieusement exploités dans un intérêt
politique.

2o Représentation proportionnelle. — Elle prévoit
un représentant pour tous les groupements et leur
assure un nombre de mandataires basé sur le
chiffre des voix obtenues par chacun. Elle s'inspire de l'art. 6 de la Déclaration des droits de
l'homme : « Tous les citoyens ont droit de concourir personnellement ou par leurs représentants
à la formation de la loi ».

Système équitable, contre lequel on ne peut soulever que des difficultés d'application. Sont-elles
insurmontables ? La loi d'Hondt : détermination
du quotient électoral (le nombre des suffrages exprimés divisé par le nombre des mandataires à
élire) ; attribution des derniers sièges aux plus
forts restes. Supposons le quotient électoral égal à
13.800 ; 6 sièges sont vacants : deux partis obtiennent respectivement 13.800 voix, plus un reste ;
un autre parti réunit un nombre de voix exacte-

ment double du chiffre fixé ; un quatrième reste de quelques unités en deçà du quotient. Les trois premiers partis obtiendront 4 sièges. Quant aux 2 sièges restants, ils seront attribués au quatrième parti et à celui des deux premiers dont la fraction de voix non représentées se rapprochera le plus de 13.800.

Il ne faut pas confondre la représentation proportionnelle, ou représentation des minorités, avec la *représentation proportionnée*. La première, sorte de microcosme du corps électoral, vise à en reproduire toutes les attitudes, tous les détails. La deuxième veut pour chaque mandataire un nombre égal de commettants. Elle entraîne la refonte des collèges électoraux et la revision des circonscriptions (Rapport de M. Dessoye à la Commission d'études du groupe républicain de la réforme électorale : un député par fraction de 75.000 habitants dans chaque département, plus un député par fraction supplémentaire de 35.000 habitants).

LECTURES

A. — « Intégralement conçue, la loi fondamentale de l'évolution intellectuelle consiste dans le passage nécessaire de toutes les théories humaines par *trois états successifs*. Le premier, théologique ou fictif, est toujours provisoire ; le second, métaphysique ou abstrait, purement transitoire ; et le troisième, positif ou scientifique, est seul définitif.

L'activité humaine, l'action de l'homme sur le milieu extérieur cosmique et social, passe aussi par *trois phases successives* ; d'abord militaire conquérante, elle tend toujours et partout à devenir pacifique ou industrielle, en passant par une phase militaire défensive.

Le sentiment en général qui n'a pas d'évolution propre présente cependant aussi une marche ascendante d'après l'action des deux mouvements précédents. La sociabilité, d'abord domestique, puis civique, devient enfin universelle.

A. COMTE. — Traité de politique positive.

B. — « Des captifs, les uns prisonniers de guerre, les autres enlevés sur les rivages, étaient entassés dans une galère grecque de Ténédos ; et le maître du navire cinglait vers un port d'Italie, où il devait les vendre. Au milieu de la nuit, les captifs brisent leurs liens ; ils s'emparent de l'équipage. Ce fut une grande fête, l'Océan n'avait pas encore entendu de pareils cris de joie. L'un des prisonniers s'approcha de ses compagnons et leur dit : « Une chose m'inquiète, c'est de voir que vous laissez le gouvernail entre les mains, qui vous conduisaient au marché »... « Eh ! quoi, répondirent les captifs, ne voyez-vous pas que ce vieillard regarde dans les nues et ne se mêle en rien à ce qui se passe parmi nous ? Vous avez, mon ami, besoin d'ellébore ! » Cependant, le vieillard, toujours souriant, ne quittait pas le gouvernail ; il fit si bien qu'en rasant un rivage, d'un seul coup de timon, voilà le vaisseau dans le port. C'était justement celui de Tarente, fameux entre tous par la vente des esclaves. En un moment, les marchands qui attendaient la cargaison se précipitent armés sur les captifs, ils leur rendent leurs chaînes et chacun est vendu vingt deniers. Depuis ce moment, aucun n'entendit jamais parler du vaisseau sans demander qui tenait le gouvernail ». (L'allusion est transparente ; un autocrate de tempérament ou de tradition, Napoléon Bonaparte (Coup d'Etat de 1799) ou Louis Bonaparte (Coup d'Etat de 1851), n'est pas le pilote qui convient à une République ; si l'on commet l'imprudence de lui confier la barque, il aura vite fait d'asservir l'équipage).

Ed. Quinet.

Quelques exemples de courage civique : *Daunou*, que Bonaparte essaya vainement de s'attacher en lui offrant, après Marengo, une place de Conseiller d'Etat. « Ce n'est pas parce que je vous aime que je vous offre cette place » — lui dit Bonaparte — « C'est parce que j'ai besoin de vous. Les hommes sont pour moi des instruments dont je me sers à mon gré... J'aime peut-être deux ou trois personnes, ma mère, ma femme, mon frère Joseph... » — « Moi, » — répondit Daunou avec calme, — « j'aime la République ». Puis il s'éloigna.

Sainte-Beuve, qui, sans crainte des représailles, ne cacha jamais son opinion sur les pénalités dont usait la magistrature du second Empire vis-à-vis de ceux qui n'approuvaient pas le régime : « Ce que je pense de la prison et de la réclusion appliquées à des délits de presse ? C'est une infamie, c'est un reste de barbarie, c'est une manière de dire aux gens : « Je ne puis vous torturer physiquement par des instruments visibles, mais je vous torturerai imperceptiblement, d'une manière non moins sûre, dans votre tempérament, dans tout le fond de votre organisme ; je vous ôterai, sans en avoir l'air, des jours ou des années de vie ».

V. Hugo, proscrit par Napoléon III, au lendemain du rétablissement de l'Empire, écrivait à Bruxelles, où s'écoulèrent les premières années d'un exil de 18 ans :

« J'accepte l'âpre exil, n'eût-il ni fin ni terme,
Sans chercher à savoir et sans considérer
Si quelqu'un a plié, qu'on aurait cru plus ferme,
Et si plusieurs s'en vont, qui devraient demeurer.
Si l'on n'est plus que mille, eh bien, j'en suis ! Si même
Ils ne sont plus que cent, je brave encore Sylla ;
S'il en demeure dix, je serai le dixième ;
Et s'il n'en reste qu'un je serai celui-là ! »

Victor Hugo : Les Châtiments. — Hetzel, éditeur.

On ne saurait oublier non plus la noble attitude de *Jules Simon* qui, professeur à la Sorbonne, lors du coup d'Etat du 2 Décembre 1851, et, prié par M. V. Leclerc, doyen de la Faculté des Lettres, de rouvrir son cours, la veille du plébiscite, fit devant une salle comble la déclaration suivante :

« Messieurs, je suis ici professeur de morale, je vous dois la leçon et l'exemple. Le droit vient d'être publiquement violé par celui qui avait la charge de le défendre, et la France doit dire demain dans ses comices si elle approuve cette violation du droit ou si elle la condamne. N'y eût-il dans les urnes qu'un seul bulletin pour prononcer la condamnation, je le revendique d'avance ; il sera de moi ». Le comte Albert de Mun, successeur de Jules Simon à l'Académie française, rappelle ce fait dans son discours de réception (10 mars 1898) et signale « les applaudissements frénétiques » qui éclatèrent dans la salle, « l'ovation enthousiaste » qui fut faite au professeur. « Quelle que soit, ajoute-t-il, l'opinion des hommes, il faut saluer dans un acte si fier la hauteur du courage et la force des convictions, car rien n'est plus grand qu'un ferme caractère, rien n'est plus noble qu'un âme indépendante ».

C. — « Il n'appartient qu'aux hommes compétents de décider des mesures qui conviennent à un Etat social donné et il est sage de s'en remettre à eux du soin de dirriger la vie sociale, comme on s'en remet aux médecins ou aux ingénieurs en matière de santé ou de travail industriel. Un malade raisonnable ne s'avise pas de décider lui-même des remèdes qu'il doit prendre. Il ne croit pas davantage qu'il lui appartient de déclarer laquelle des personnes qui l'entourent peut faire fonction de médecin. De même, dans une nation qui aurait sur la vie sociale les idées saines que le positivisme s'efforce de répandre, le premier venu parmi les citoyens ne se croirait pas apte à décider par lui-même de l'intérêt social...: La souveraineté du peuple n'est ni un droit, ni un procédé pratique efficace. L'humanité plus instruite y renoncera spontanément.... Dans l'état théologique de la pensée, *le pouvoir spirituel* appartient aux prêtres ; dans l'état métaphysique, aux philosophes, incapables d'ailleurs d'autre chose que de conduire les esprits à l'assaut du passé ; dans l'état positif, il doit appartenir aux savants. De même, aux époques de civilisation conquérante *le pouvoir temporel* appartenait aux chefs militaires ; à l'époque

incertaine et confuse de l'activité défensive et organi-
satrice, il tendait à passer aux mains des légistes ;
depuis la Renaissance, à mesure que l'industrie devient
le but de plus en plus exclusif de l'activité sociale, le
pouvoir tend à passer spontanément aux chefs d'industrie, à la bourgeoisie riche et ingénieuse ».

G. CANTECOR : *Le Positivisme.*
P. Delaplane, éditeur.

CHAPITRE XV.

DEVOIRS INDIVIDUELS, CONSÉQUENCES DE LA LOI DE SOLIDARITÉ

B.) La patrie, aspect géographique de la nation.
L'homme appartient à une famille, à un Etat ;
il appartient encore à une *nation*. Comment la dé-
finir ? A mesure que nous nous éloignons des individus pour considérer des ensembles, l'obscu-
rité s'introduit dans nos idées, l'incertitude se manifeste dans nos jugements. Dire ce qu'est l'homme est chose relativement facile. Dégager les rapports qui l'unissent aux êtres qui, avec lui, constituent la famille est déjà plus malaisé. Déterminer
les conditions qui créent, entre lui et tant d'autres,
un lien de nationalité est une entreprise que nous
pourrions dire téméraire, si, par leurs recherches
et leur judicieuse critique, d'éminents penseurs
n'en avaient par avance assuré le succès (Renan :
Qu'est-ce qu'une nation ?)

De quels éléments la nation se compose-t-elle ?
De quel fait positif est-elle l'expression ? A quel
signe reconnaît-on qu'elle existe ? C'est la *communauté de race* qui la fonde, — disent les uns ;
c'est la communauté *de langue, de religion*, dit-on

encore ; peu convaincus par ces arguments, d'autres voient dans la *situation géographique* le facteur essentiel de la nation.

Se prévaloir de l'identité de race, c'est faire état d'une hypothèse presque impossible à controler ; l'ethnologie n'est pas science si certaine ! Ses applications politiques sont nécessairement provisoires et variables au gré des systèmes. « Une de mes plus grandes pensées avait été l'agglomération, la concentration des mêmes peuples qu'ont dissous, morcelés les révolutions et la politique. C'est avec un tel cortège qu'il eût été beau de s'avancer dans la postérité et la bénédiction des siècles. Je me sentis digne de cette gloire » (Napoléon 1er). Or, le même homme qui, au nom du principe des nationalités, excitait les Polonais contre le Czar, les Hongrois contre l'Empereur d'Autriche, les petits états allemands contre le roi de de Prusse, se gardait bien d'émanciper le duché de Bretagne et de proclamer l'indépendance de la Provence : tant il est vrai que principe des nationalités, principe des races, ne sont, comme le disait Thiers, qu' « articles de propagande ». « L'idée qu'il existe des races germanique, sla   ançaise, etc., a été exploitée en 1871 contre la France au moment de la perte de l'Alsace.... Ce n'est point pour tout le mal qu'elle nous a fait que nous prétendons condamner la théorie des races ; nous eût-elle été plus funeste encore, nous ne la regarderions pas comme plus détestable. Mais elle prétend s'appuyer sur une série de conceptions scientifiques avec lesquelles, bien au contraire, elle se trouve en contradiction flagrante ».

HOVELACQUE

La communauté de langue n'est pas plus convaincante. Certains peuples parlent une même langue sans former une même nation (Angleterre, Etas-Unis). D'autres, qui n'ont pas l'unité de langue, possèdent l'unité nationale (l'Ile de France et les provinces, jadis autonomes, qui constituèrent le royaume des premiers capétiens). — L'influence de la religion n'est pas plus décisive. A l'origine aucun groupement ne pouvait exister s'il n'y avait entre tous ses membres parfaite homogénéité de croyances. Cette uniformité, spontanée d'abord, fut imposée par force, quand la théologie, alliée au pouvoir temporel, devint un instrument de conquête, un moyen de gouvernement. Mais les religions d'état ont vécu ; si le prosélytisme, aujourd'hui, exclut toute violence, c'est qu'aucune confession ne peut plus compter sur la complaisance, avouée ou secrète, des pouvoirs publics : les hommes sont moins intolérants.

« La division des nations en catholiques et protestantes n'existe plus. La religion qui, il y a 52 ans, était un élément si considérable dans la formation de la Belgique, garde toute son importance dans le for intérieur de chacun ; mais elle est sortie presque entièrement des raisons qui tracent les limites des peuples ». (Renan).

L'argument géographique a-t-il plus de valeur ? Les frontières naturelles n'ont pas, dans la formation de l'unité nationale, l'importance qu'on leur suppose. On l'a dit avec raison : les rivières ont conduit les races, les montagnes les ont arrêtées. Mais, de ce que les grands mouvements historiques ont été limités par celles-ci, favorisés par celles-là, il n'en résulte pas que les frontières puissent être rigoureusement déterminées par une sorte de topographie rationnelle... Les délimitations de ce genre sont arbitraires, et les spéculations qui croient trouver en elles leur justification sont d'une valeur pratique contestable. Pourquoi tel fleuve réunit-il ? Pourquoi telle rivière sépare-t-elle ? Pourquoi telle montagne est-elle un trait d'union et telle autre un obstacle ? A aucun phénomène naturel on ne saurait, à priori, prêter une sorte de faculté limitative et, comme le dit Renan, « De Biarritz à Tornéa, il n'y a pas une embouchure de fleuve qui ait plus qu'un autre un caractère bornal ».

Ainsi, pas plus que l'unité de race, de langue ou de croyance, l'unité géographique ne crée la nation. *Qu'est-elle donc ?* — Ce sans quoi la communauté du territoire n'est qu'une matière informe, impliquant toutes les limitations et tous les changements ; la nation n'est ni une chose, ni un fait, elle est : *l'unité d'âme*. Communauté d'intérêts, communauté de joies et de douleurs, tels sont les éléments générateurs de la nation ; les autres phénomènes (race, idiome, forme de gouvernement) ne sont que l'expression concrète, la manifestation extérieure, de cet accord préalable des volontés ; partout où il cesse, les formes et les cadres peuvent bien subsister quelque temps : ils sont fatalement appelés à disparaître, car l'esprit national ne les anime plus. Nous définirons donc la nation : une coordination d'efforts, un groupement d'énergies concordantes en vue de la justice, de l'égalité, et du bonheur. Si cette définition ne convient pas à toute organisation politique, s'il existe des groupements d'où la convergence des efforts individuels est absente, c'est que la nation, telle que la présentent l'histoire et l'expérience, n'a pas toujours l'homogénéité parfaite, seule capable d'assurer sa vitalité. Il n'en reste pas moins que, pour être viable, bienfaisante et morale, la nation doit être l'expression harmonieuse des volontés.

La patrie diffère-t-elle de la nation ? Non ; ce sont là deux aspects d'une même réalité. Voyons-nous dans le groupement social les éléments ethniques qui le constituent ? Nous l'appelons nation. Y voyons-nous, en dehors des affinités de races, des fusions plus ou moins profondes réalisées au cours des âges, le milieu extérieur, la portion d'espace où nos pères ont vécu ? Nous l'appelons patrie. La différence des termes n'est qu'affaire de point de vue. Aussi ne serons-nous pas surpris qu'on ait essayé sur la patrie les multiples définitions proposées pour la nation ; les mêmes hypothèses ont été reprises, combattues par les mêmes arguments.

Dans une remarquable conférence faite aux élèves de l'Ecole militaire de St-Maixent, M. Lucien le Foyer montre que la patrie est *non seulement une terre de souvenirs*, mais encore et surtout *une sphère d'action*. Il est naturel, parfois salutaire, qu'elle évoque des joies et des deuils, des regrets et des espérances ; mais il est nécessaire qu'elle suscite des efforts, qu'elle éveille des énergies en vue d'augmenter le bien-être commun. Définissons-la donc par le présent, par l'avenir ; mais, que ce souci des réalités immédiates et des contingences futures ne nous rende pas ingrats envers le passé.

L'idée de patrie a sa répercussion sur notre sensibilité ; le sentiment qu'elle inspire s'appelle : *patriotisme*, affection naturelle, affection légitime, mais qui, comme toutes les manifestations de notre être sensible, est sujette à des exagérations ét à des excès. Il y a le *patriotisme passionné* et le *patriotisme réfléchi*. Le premier aime aveuglément, accepte sans critique l'héritage national (A.), se complait dans un optimisme dangereux. et con-

fère gratuitement à son groupe toutes les supé-
riorités, tous les avantages (B) ; il est injuste à
l'égard des nations voisines, qu'il déprécie sans
les connaître, et témoigne à leur endroit une indifférence dédaigneuse, quand il ne va pas jusqu'à
l'hostilité ouverte : c'est l'exaspération du sentiment national, le chauvinisme ; de même, l'esprit de famille, très louable en soi, dégénère en
népotisme, quand il n'est pas tempéré par la raison
ni guidé par l'expérience. Le patriotisme réfléchi n'est pas exclusif ; sans rien répudier du patrimoine commun, il n'accepte pas passivement le
fait accompli : sa sollicitude, toujours en éveil,
s'efforce de faire passer dans l'organisme social
des réformes qu'il conçoit comme justes et rai-
sonnables. De même qu'il juge sans parti-pris l'histoire nationale, il observe sans prévention les peuples qui l'entourent ; il ne les déclare pas mauvais à
priori, mais il les étudie loyalement et ne croit pas
se rendre suspect en leur rendant justice, Ce patriotisme éclairé n'est pas la négation systématique du
vrai, au nom d'un amour-propre ridiculement om-
brageux. Il n'a ni le ton tranchant, ni l'allure provo-
cante du chauvinissme fanfaron (C). Il ne se double pas de la haine de l'étranger : aussi est-il légitime et, par cela même, respectable : C'est un sentiment égaré, faux, que ce patriotisme outré qui ne
réserve à l'étranger que le mépris ou le fanatisme.
Le chauvinisme est la caricature du patriotisme,

sa bruyante et douteuse contrefaçon ». (C. WAGNER La justice).

LECTURES

A. — « Le patriotisme n'est pas la réduction de l'histoire de France aux conquêtes et aux victoires, le culte de tous les gagneurs de bataille, de tous les massacreurs d'hommes et ravageurs de provinces. Il faut être juste pour le passé, ne rien rejeter, ni renier du passé de la France. L'éducateur doit avoir assez de sens historique pour être juste à la France belliqueuse. Mais il saura dire que ce n'est pas là, que ce n'a jamais été là toute la France, ni même le meilleur de la France ».

G. LANSON.

B. — « Je vois avec chagrin que nos soldats en 1807 (Iéna), en 1808 (Espagne), ont été aussi pillards que les Prussiens, aussi brutaux et plus ivrognes. Ils ne volaient pas méthodiquement pour économiser et envoyer chez eux ; mais ils gaspillaient horriblement et détruisaient en gamins.... Quelles horreurs que ces guerres de l'Empire vues de près, pour les vainqueurs comme pour les vaincus ! On n'a commencé à les admirer que vers 1830, lorsqu'on a cessé d'en voir le détail et qu'on n'a plus aperçu que de loin les grandes masses, les effets d'ensemble, la stratégie. »

TAINE : *lettres du 11 sept. 1872, à Lagny.*

C. — « Le patriotisme vulgaire — et tapageur — les yeux toujours fixés sur « l'ennemi », ne prend pas garde si les compatriotes ont faim. Ce patriotisme-là ne sait que haïr et ne sait pas aimer. Ce patriotisme ne sera pas le vôtre, messieurs. Ayez le patriotisme de la solidarité ! Aimez la patrie vivante !

« La patrie, ce n'est pas seulement la terre des aïeux c'est surtout la société des contemporains, la cité du présent. Il faut donner un nom à toute chose ; et je veux donner à cela un nom qui, d'abord peut-être, vous fera sourire, et qui, ensuite, à coup sûr, vous fera penser. J'appelle la patrie, *fratrie*, c'est-à-dire l'assemblée des frères, la communion des citoyens...

La patrie ce n'est pas seulement la terre des aïeux c'est surtout la société des descendants, la cité de de l'avenir. J'appelle la patrie, *filie*, c'est-à-dire le legs aux fils, l'offrande à la postérité. Le patriotisme, ce n'est pas seulement une piété filiale, c'est une espérance paternelle.

La patrie, c'est la cité. Le patriotisme, c'est le civisme :::..

Messieurs, je veux résumer tout cet entretien d'un mot, d'un symbole. J'évoque ce que vous avez de plus cher : le drapeau. Que signifie le drapeau ? Le drapeau, c'est l'emblème de la Patrie, pour qui l'on doit combattre et mourir. Le drapeau symbolise le dévoûment des soldats. Le culte du drapeau, c'est le patriotisme.

Oui, c'est cela, et c'est plus.

Messieurs, regardez ses trois couleurs. Leur signification est dans leur origine : c'est le blanc du roi de France entre le rouge et le bleu du Paris révolutionnaire.

C'est la concorde du passé et de l'avenir. Et c'est la concorde des partis.

Le drapeau, c'est l'emblême de la cité, pour qui l'on doit travailler et vivre.

Le drapeau symbolise la communion des citoyens, Le culte du drapeau, c'est le civisme ».

Lucien le Foyer, Vice-Président de *La Paix par le Droit*, association dont le but est de substituer progressivement l'arbitrage à la guerre dans les relations internationales.

Conférence faite à l'Ecole militaire de Saint-Maixent : 23 nov. 1902.

TABLE DES MATIÈRES

ANGOULÊME

Imprimerie L. COQUEMARD et Cⁱᵉ

Causeries littéraires sur le XIX⁴ siècle (1800-1850), par
EMILE SOUVESTRE, œuvre posthume, publiée par Mᵐᵉ
BEAU, avec une préface de L. DUGAS, docteur ès lettres, chargé de cours à la Faculté des lettres de Ren-
nes, 1 vol. in-18. . . . . broché 3 fr. 50

Cent poésies de Pierre Corneille, tirées de sa Traduc-
tion de l'Imitation de Jésus-Christ, publiées par Joseph FABRE, ancien professeur à l'Ecole normale
supérieure de Sèvres. 1 élégant vol. in-32. 2ᵉ édit.
1 fr. »

La Comédie aux XVII⁴ et XVIII⁴ siècles (Scènes choisies),
par Jules WOGUE, ancien élève de l'Ecole normale
supérieure, professeur agrégé au lycée Buffon, avec
onze portraits et une Vue d'ensemble sur le théâtre
comique aux XVII⁴ et XVIII⁴ siècles. 1 fort vol. in-8,
broché avec une couverture tirée en rouge. 7 fr. 50
Cartonné, toile anglaise. . . . . 8 fr. 50

J.-B.-L. Gresset, sa vie, ses œuvres, par Jules WOGUE.
1 fort vol. in-8, raisin, broché. . . . . 6 fr. »

Causeries, souvenirs et réflexions sur la peinture, par J.-
F.-C. CLÈRE, artiste peintre, ancien professeur au
lycée Henri IV. Un vol. in-8, écu, avec une couverture en couleur. broché. . . . . . . 3 fr. 50

Exercices français entièrement nouveaux (Extraits du
Dictionnaire de l'Académie), par P. CLAIRIN. Une
brochure in-8, carré. . . . . 0 fr. 60

*Si le DICTIONNAIRE DE L'ACADÉMIE fait autorité, ces exercices peu-
vent être donnés dans les écoles. Si ces exercices sont ridicules ou
absurdes, le dictionnaire dont ils sont extraits peut-il faire autorité ? (Note de l'auteur.)*

Ecoles buissonnières, Poésies, par Edouard LECLERC.
1 vol. in-8 écu broché . . . . 3 fr. »

Au bord de la Route, Poésies, par Edouard LECLERC. 1 vol. in-8 écu, broché. . . . . 3 fr. »

Pour la Paix, drame en vers en un acte, par Etienne CABANE, inspecteur de l'Enseignement primaire. 1 vol. broché. . . . . 0 fr. 75

Jeanne d'Arc, drame en vers en cinq actes et six tableaux, par Etienne CABANE. 1 vol. in-18, broché. 2 fr. »

Madame Roland, drame en vers et en quatre actes, par Etiene CABANE. 1 vol. in-18 broché. . . . 1 fr. 50

L'expression du rythme mental dans la mélodie et dans la parole, Essai d'une théorie du rythme considéré comme propriété du langage, par H. GOUJON. 1 vol. in-8 broché. . . . . 5 fr. »

La psychologie des Ecoliers, Etude médico-pédagogique, par le Dr Jean PHILIPPE, chef des travaux du Laboratoire de psychologie physiologique à la Sorbonne, directeur de l'« Educateur moderne ». 1 brochure in-8 0 fr. 60

La parole et les troubles de la parole, par G. ROUMA, professeur de pédagogie à l'Ecole normale de Charleroi, directeur de la section des troubles de la parole à la Polyclinique de Bruxelles, avec une préface du Dr DECROLY, chef de service à la Polyclinique de Bruxelles. 1 vol. in-8 broché. . . . . . 4 fr. »

La vie hygiénique, Règlement de chaque jour, Hygiène générale, En pension, par le Dr Victor PAUCHET, d'Amiens. Tableau mural de 76×55 centimètres, monté sur carton, 1 fr. 50; port et emballage, en sus, 1 fr. 50. En feuilles. . . . . . . 0 fr. 50

Lettres à un jeune homme qui veut étudier la médecine, par le Dr DUMAS, de Lédignan, 1 brochure. 0 fr. 60